在希望的田野上

朱小四 著

文心出版社
·郑州·

图书在版编目(CIP)数据

在希望的田野上 / 朱小四著. -- 郑州：文心出版社, 2025.6. -- ISBN 978-7-5510-3146-2

Ⅰ.G4-53

中国国家版本馆CIP数据核字第2025Q07550号

出　　版	文心出版社
地　　址	河南自贸试验区郑州片区(郑东)祥盛街27号　邮政编码:450016
发　　行	新华书店
印　　刷	郑州市毛庄印刷有限公司
版　　次	2025年6月第1版
印　　次	2025年6月第1次印刷
开　　本	787毫米×1092毫米　1/16
印　　张	9.5
字　　数	140千字
书　　号	ISBN 978-7-5510-3146-2
定　　价	48.00元

如发现印、装质量问题，请与印刷厂联系。电话：0371-63784396

序

书写是一种简单而奢华的体验

王维审

我认识小四老师，是在北京师范大学承办的中原名师培养人选研修活动中，那是一个河南省名师培养的顶配项目。研修期间，小四老师留给我的印象极佳：待人热情有礼，发言有理有据，文字清新脱俗……在一众名师中，属于一眼可识的那种。

我大致浏览了一下书里的内容，章节的划分直截了当——与老师、与家长、与学生、与自我，妥妥的"文以类分"，没有丝毫拖泥带水。书里的文章大都是写具体而真实的故事，就像是用文字截取出来的生活片段，简单、自然，而又不加任何修饰。这就是我对这本书最初的印象：章节，简单自然；内容，清清爽爽。就在写这点儿文字之前，我又用了一些时间静心读了读书稿，竟然有了与前面完全不同的感受。其中有两点，不得不说。

极简，是刻在骨子里的深刻。著名作家刘震云说，凡是用特别复杂的文字、形容词和副词在写作的人，都是没有文化的人。这段话改成正面的表述就是，真正厉害的人多半是用最简单的话，讲最深刻的道理。小四老师在《一张小学毕业照》中写了自己的两位老师，所讲的事既不新奇也不轰轰烈烈，但在那些简简单单的讲述里，我们可以读到吴老师丰富的一生。其实，写一个人是很难的，小四老师却可以借用讲故事的方式来展现一个人，这的确应了这句话——能把天书讲成故事的人，才是真正厉害的人。小四老师就是这样一个人，用简单的故事讲述复杂的人生。在文章的最后，小四老师写道："在深深地叹息中回过神儿来，我终于明白每个生命在历史的长河里，都是一个短暂的花开花谢的过程。"简单的一句话，就把人生的本质写得如此深刻，这就是小四老师呀！

极简，是源自心灵深处的奢华。现代社会流行轻奢，不刻意，不夸张，不追逐冗杂，却可以直抵心灵，这便是小四老师的文章。打开文稿，其中的每一篇文章，都像是一个熟悉的人或一个知心的朋友，在娓娓道来一个故事、一份感悟、一种情怀。在《赶考路上，我是一名教师》中，她开篇写道："月亮挂在东南方的天空，画出一幅潦草的水墨画。在这个月夜，我的心陷入山村小路的泥泞里……"寥寥数语，岁月馈赠的奢华体验就在想象中喷涌而出。《此处也有桃源》《非走不可的弯路》《那夜的明月》……无不是在那些情节的转折中，漫不经心地描绘出自由和包容，以及生动而空灵的人生境地。这也是小四老师呀！她用一篇篇的文章，毫无傲心地展现简单而又奢华的体验。

其实，我与小四老师只见过那么一次，如果没有文字的交流，也许就只是擦肩而过的一次交集。但，她是属于文字的，在她决定用文字来讲述自己的教育人生时，就注定了她的故事可以穿越时光，掠过地域，成为对人生长久的窥望、见证和记忆。从某种意义上来说，书写是我们普通教师走向理想生活的简捷方式，更是一种简单而奢华的体验。

（王维审，叙事教育倡导者，中国教育报"推动读书十大人物"之一，出版包括"觉者为师"系列等12部著作。）

目录

与老师　书山有路

一张小学毕业照 …………………… 2
"初中语文"的战友们 ……………… 5
方老师 ………………………………… 8
耿老师 ………………………………… 11
黄厚江老师被称为"黄老邪" …… 13
此次如初见 …………………………… 16
亲爱的来老师 ………………………… 18
邵老师 ………………………………… 20
给新入职教师的几点建议 ………… 22
郭锋老师与质感 ……………………… 24
闵校长 ………………………………… 26
王师傅 ………………………………… 28
写给乡村教师：愿你们在田野上，播
下爱和知识的种子 ………………… 30
颜如玉 ………………………………… 32
一师花香　一路花香 ……………… 35

一张中学照片 ………………………… 37
咱就这样开学 ………………………… 40

与家长　羽扇纶巾

不要害怕孩子"玩" ………………… 44
此处也有桃源 ………………………… 45
儿子的新星生活 ……………………… 47
给焦灼的妈妈的一封信 …………… 49
孩子不愿回老家过年 ……………… 51
非走不可的弯路 ……………………… 53
妈妈和手机 …………………………… 55
名利之争 ……………………………… 56
师生对话：为什么只有妈妈有更年期
………………………………………… 57
做一只耳朵聋的青蛙 ……………… 59

与学生　丝路新月

"涵"式温暖 …………………… 62
班长哭了 ……………………… 64
退货 …………………………… 66
迷途的放大镜 ………………… 68
那年的12月13日 ……………… 70
假如生活欺骗了你 …………… 74
今晚不减肥，吃糖 …………… 76
开学寄语：又要在一起 ……… 79
你对于班级的意义 …………… 81
亲爱的菲姑娘 ………………… 83
请记住我说"不"的画面 ……… 85
其实你不像我想的那样无忧无虑
………………………………… 87
一次拔河比赛 ………………… 89
糖果心 ………………………… 91
有意的安排 …………………… 93
小岳同学 ……………………… 95
云姑娘 ………………………… 97
学生给我指点迷津 …………… 98
我们是一家人 ………………… 100
我的梦想——写给七（6）班的孩子们
………………………………… 102
你们正在长大——写给八（6）班的
孩子们 ………………………… 105

都是鲜活的生命 ……………… 107
不会忘记 ……………………… 108
那个初三——写给正在奋战的九（6）
班学子 ………………………… 109
七（6）班公约 ………………… 111
你们给我的 …………………… 113
生命！生命！——写给八（6）班的
少男少女 ……………………… 115
此中有真意，欲辨已忘言——写给八
（6）班的阳光学子 …………… 116
又到初三奋进时——写给九（6）班
的扬鞭少年 …………………… 118

与自我　璀璨之门

赶考路上，我是一名教师 …… 122
暮秋时节，我很幸运地遇到了他们
………………………………… 126
奶奶的教育 …………………… 128
我的新年心愿 ………………… 131
向美而生 ……………………… 133
那夜的明月 …………………… 135
亲爱的自己，亲爱的世界 …… 137
送你一轮明月 ………………… 140
一直都在被梦想照亮的地方 … 143

与老师

书山有路

一张小学毕业照

有人在同学群发了一张小学毕业照，好笑的是，我找半天，也没找到自己，却认出几个一直惦记的同学。中间一排坐着的是当年的学校领导和老师，我竟能一个不漏地认出来。其中有当了我们三年班主任兼语文老师的吴老师，那时候他应该三十多岁，正当盛年。

从师范学校毕业两年后，我去看过吴老师。他那时候已经是肝癌晚期，能认出我，但说话艰难，似乎要越过千山万水才能开口。这与我印象中声音始终在高音区、步履轻快、板书遒劲有力的他完全不是一个人。因为病人不能被打扰，所以我很快就离开他家，一转身却自顾自地流下泪来。

吴老师是那个时代特有的民办教师，工资很低，还得像农民一样种田种地。长大后才知道，那时候专门种田种地的人也不一定能保证粮油够吃，更何况一周上六天班，工资只有几元的民办教师。种过庄稼的人都知道，种麦子、收麦子、栽秧苗、割稻子都是时令性极强的农活。像吴老师这样的民办教师，因为要给学生上课，常常耽误了家里的庄稼。如果吴老师头一天说明天上午会晚点来，他要割一会儿麦子或稻子，就会有同学告诉我们他家的田地在哪里，很多同学一大早就去给吴老师帮忙。我曾经欢天喜地地走三里地去帮他割过稻子，记忆中还没割一会儿，老师就让我们赶紧洗手到班里上课，不然迟到了——他家离学校还有一里半地呢。我们应该也为他家送过柴，因为脑海里总是闪现吴老师从我手上接过一小捆松树枝，放在柴堆上，然后不好意思地笑笑的情景。

小时候，我们眼中的老师自在闲适，在教室里背着手、踱着步或伏案快速地改作业，不像我们天天像饿鬼一样到处找吃的。他们威风凛凛，每一个动作、眼神都能震慑住我们。比如一群男孩儿在打架，能迅速拉开架的利器就是那句"老师来了"。

吴老师一直用家乡话大嗓门地教我们语文。有一次，他突然宣布要用普通话讲课。听了几天他的"普通话",吴老师询问我们的感受。几个男生说不习惯,没听懂课。于是吴老师又改用他洪钟般的乡音继续教我们至小学毕业。后来我想:我们也许斩断了吴老师个人进步的一条绳索。

吴老师离开人间的时候应该还是一个没有转正的民办教师。他的孩子当时未成年,不知道有没有得到特殊照顾。不过据我推测,即使有照顾,也是微小的萤火。

坐在吴老师身边的朱老师和我是一个村的。我毕业后还和他做了两年同事。他天天骑个二八杠自行车奔走在学校和家之间,还兼管学校的食堂工作。朱老师在退休前被评上了高级教师(其实就是现在的中小学一级教师),他相当得意,在学校偶尔还哼着小曲儿。这倒让我想起他在一年级时教我们唱的那首《我是公社小社员》。

遗憾的是,朱老师在退休两年后也因肺癌离世,所以我一度认为老师的平均寿命是不足六十周岁的。

在深深地叹息中回过神儿来，我终于明白每个生命在历史的长河里，都是一个短暂的花开花谢的过程。我的老师们并不知道学生们什么时候会想起他们，更不知道他们在学生的记忆里有更长久的一生。

"初中语文"的战友们

1997年8月，我想去陈店初级中学工作，当时陈店教管站站长陈文新、陈店中学校长孔垂祥、陈店中学主任宋承林一起面试我。面试通过后，我被告知中学缺音乐老师、地理老师，这样，我教了两年半的音乐课和地理课。一直到2000年春季，新上任的付新炎校长在全校进行改革，所有老师都要带主课，我才有幸成为初中语文老师。2000年9月，我进入新县第二初级中学，铁了心要让自己成为专职语文教师。时任教务校长的何传金用"第三只眼"看出我的"含金量"，于是决定让我教一个班的语文。

我教书生涯的精彩篇章就这样开启了，同时也遇到了一群引领我前行的战友们。

我的十多名战友全都在三十岁左右，正当盛年，自然斗志昂扬，课堂内外折腾个没完。其中最能折腾的就是教研组叶组长。

叶组长似乎已成为诗人很久了，平时早餐也跟我们一起吃一元钱的煎饺，上课也拿课本教案，跟我想象中的诗人不一样。那天我好奇地去听他的课，看他不总结段落大意和中心思想，只在那里反复朗诵、品味课文，反复和学生商讨答案，我差点儿惊掉了下巴。更神奇的是，他结合课文内容吟了几句，学生们竟也跟着吟咏起来……

"诗就是这样诞生的？"我后来问他。他瞪圆双眼，显出明目张胆的抬头纹，回答："不可以吗？艺术来源于生活呀！"——世界似乎给我开了一扇小窗，我似乎这才发现语文的天空好广阔。

语文组在领导的耳提面命中捣鼓出了个校刊《映日荷》。老师们纷纷投稿，引得我好不淡定。于是我试写了一篇，先隆重地请叶组长指导。他边看边点头，最后还说："耶——黑森林里蹦出个李逵，流浪儿中潜伏着高尔基。没看出来，真没看出来！可以刊登，一定惊人！"我喜得天旋地转，于是便在每期的校刊上显摆，一直显摆到《映日荷》停刊。后来我才知道，他也是这么忽悠其他人投稿的。

叶组长的笔名换来换去，我们见怪不怪。他吟山咏水，物我两忘，歌功颂德，我们也波澜不惊。有一天，新一期的《映日荷》出炉，我看完自己的拙作，又去看他的。他写了篇《此刻，我已成佛》，文章写的是他在朝霞和旭日的光辉中，突然发现自己和救世救难的佛有一拼：苦海无边，普度众生，一念执着……我才发觉他早把最好的青春洒在了学校的每个角落，把自己最好的年华献给了学生的点滴生活……连我也得到了佛光的照拂。后来，他的笔杆子使他成为更高级别的"佛"，但我记得的却一直是他在二中的模样。

那些年的战友，任何时候想起都会激情满怀：沉静而闷骚的李，举重若轻的管，豪爽灵敏的刘，出口成章的阮，永远少女心的潘，备课把书旮旯都写满的张，把备课本写成书法本的胡，靠大树不乘凉的汤，较真跟学生死磕的陈，大姐般温润的许，天生贵气的韩，淡定从容的周……

那时候，我们要自己带娃，要努力攒钱盖房子，周末还要在校补课，必须亲自写满三四个小黑板……明明应该疲惫不堪，但个个却精神满满。因为我们互相鼓励而又互相调侃。我们学会遵守规矩而不刻板，学会认真工作而不流泪，学会笑着把艰难的事情做好，也学会把艰辛的付出谱成生活的打油诗，还在心底默默吟唱……

我们把青春热血输出得坦坦荡荡，我们把教书育人当作生命的课堂，我们为了班级的进步督促自己进步，我们为了学生的成长逼着自己成长……

这一段极有语文味的生活，竟然成了我做语文老师的追求——自己要做"听说读写"的标杆。我的这些战友们也用事实证明：一个优秀的语文老师要生机勃勃、有趣有味。

方老师

方老师大名方一栋,说他严厉,有一事佐证。初中毕业十一年后,我调入母校陈店中学,昔日的同学偶尔来找我。一直在街上跟着哥哥姐姐做钟表生意的秀芹,也多次要来找我玩,但就是不敢来——怕遇见方老师。

不管我把方老师说得如何和蔼可亲、平易近人,在街上见过各种人的秀芹同学就是不敢踏进中学大门。好不容易在一个月黑风高的夜晚她来了,还跟做贼似的左看看右瞅瞅。她进了我家门,让我赶紧把门关上。充满喜剧性的是,方老师那晚恰好到我家找水喝,看见秀芹同学,还高兴地多坐了一会儿。至于秀芹,她后来成了我另外一个同学的媳妇,常住中学后院,和方老师做了邻居,那是后话了。

大家为何怕方老师?他一个教几何的先生,天天不是拿着三角板就是圆规,没有教鞭。方老师从不说粗话,更别说侮辱性语言了。我们上早晚自习都是自愿的,老师也是来去自由的。方老师常常在晚饭后,把手插在裤兜里快步走进教室,看见谁在做作业,就停下脚步看看正确与否。几何是同学们的噩梦,尤其是涉及辅助线的题。但方老师不急,他总让我们仔细看看,好好想想,慢慢琢磨。

一来二去,做几何题就成了我们的乐趣。有时候我们在教室等不来方老师,就跑到他家去问,耳朵听他讲题,眼睛却偷瞄他碗里的锅巴。他发现后,总是在我们离开时,把一块碗口大的锅巴分成几份让我们拿去吃。

初二期末考试,我的几何考了九十九分。领通知书的时候,他特意到班里喊我到他家去。他告诉我他要去进修了,希望我继续努力学习,将来考个好学校。我出门时手里多了厚厚一摞《中学生数理化》,那时候在农村的学校,这样的书比肉还稀缺。

这样的老师让我们害怕,无非是觉得自己的成绩配不上他的付出。

后来我和方老师又在二中一起同事了十多年。我当毕业班的班主任，他当我们班的数学老师。师生在俗世红尘中继续努力生活，有时候反倒更像一起打拼的战友。

但他一直都说我是他最优秀的学生。那年我从二中调离，有文采但很少公开写作的他很快写下一段文字送给我：

不管你走到哪里，

我都会时不时想起你。

当年那个数学常考百分的小丫头，

不期成为下笔千言，

折服无数学生和老师的才女。

不管你走到哪里，

也走不出我的记忆，

在我的眼中，

你早已是一处独一无二的风景，
永远亮丽。

不管你走到哪里，
我会一天天，一年年地对我的学生讲到你，
你的灿烂犹如朝阳，
照亮学生的心底。

好在走得不远，
你的学生一定会常去看你，
当然，
我也会的。
祝我最优秀的学生、同事永远快乐，百事顺利！

近些年方老师成了"跑男"，我天天都能在他的朋友圈看到他奔跑的样子。上次参加活动遇到他，连忙拉着一起合影。后来看到他发的朋友圈，发了那张合影，配文：邂逅了当年最优秀的学生。

每每听到或看到"最优秀的学生"，我总是惭愧得很——无论从学识还是财富考量，我都不能被称为"最优秀"。

但拿着《中学生数理化》走出方老师家门的我，"最"大的心愿就是一定要考个好成绩，让方老师看看。现在当老师的我，"最"想成为方老师这样"教了一辈子书，还没教够"的老师。

后记：

方老师看后留言，"双手插在裤兜里"好像成了我的标配，读罢此文，感受如下：如有来生，还要教书，还教小四。

耿老师

我正在写公众号的文章，张同学发来语音：耿老师的母亲过世了。我知道你一定会来，所以就告诉你一下。

耿老师就是耿显国。他在陈店中学待了十六年，在新县二中已经待了十七年。看样子，我敬爱的耿老师在退休前是不会挪单位了。

仍记得初二那年，我从窗口往外看，瞥见一位穿着敞口风衣的人正疾步从食堂打饭返回。我的眼神不自觉地追随他的步伐，他的皮鞋在大阴天也发出好亮的光。

同学耿春兰凑过来说："他就是我大哥，刚从大学毕业，说是要为家乡的教育事业做贡献，竟然回到这个中学教书。"

耿老师就这样走进了我们的视线和话题。

张老师临危受命接我们班的英语，他认真到极致，严厉得可怕。于是我们就悄悄羡慕起一班的同学——传说他们的英语老师耿老师特别和蔼可亲，吴自力还敢爬到他背上呢！据说他也不恼，反而背着吴自力转圈圈。

在这样的期盼中，初三来了，耿老师已经是我们的英语老师了。我才知道原来他学的是政治，学校缺英语老师，他是来补漏的。没想到这一补就是三十多年，他从没歇口气。

他接我们二班时，应该受了不少闲气。一是前一任老师太严厉了，二是都在传我们班要解散。他有一次把书重重地摔在讲台上，开口打算批评我们，却结巴得说不出来话。全班哄堂大笑，他气得扭头就走。我们以为他不会教我们了，没想到第二天他还是精神抖擞地站在讲台上。

2003年春，耿老师和我成了同事。我才慢慢知道，我尊敬的耿老师虽然写字一流、电脑技术一流，但与人交往是那样的朴实。有一次他对我说："小四，老师真不明白，有的人当面说得那么好，背后却使绊子。有的人昨天还找你调课，今天就不答应你跟他调课。你说那些人怎么跟我不一样呢？"

这样的好人，在单位多多少少是要受一些委屈的。有一次教研室让我交一节视频课，我知道耿老师要评职称，就让他交了。第二天我碰见他问起，他说已经变成别人交了。我咬牙切齿地打算问个清楚时，他反而阻止和安慰我："算了，小四，已经交了，找也没用了。"

在千难万难中，他的高级职称材料被送去评审了。我们都认为他是理所当然的高级教师：敬业、奉献、踏实、憨厚、不抱怨、不抢功。但耿老师担心地告诉我："你忘了我结巴？我嘴笨，答辩有问题。"

口拙是一个老师最大的"槽点"吗？我反而认为，嘴笨的人往往更务实，更吃苦耐劳。世界上大多数的顶级工匠都是"口拙"的。海伦·凯勒说："有视觉的人，他们的眼睛不久便习惯了周围事物的常规，他们实际上仅仅注意令人惊奇的和壮观的事物。然而，即使他们观看最壮丽的奇观，眼睛也是懒洋洋的。"

口齿伶俐者也许靠嘴解决了很多问题，于是就忽视了行动的力量。所以我回复老师说："如果哪个评委因为你说话迟缓给你不及格，他不是没看见你满头白发，而是没听到你在一线站了三十多年的回声。"还好，老师顺利过关，我的一句"恭喜"的话还是在他帮我拉票的时候才说出来的。

耿老师过得脚踏实地，他常常让我想起小时候的田埂地沟。这次去他家，我看着他白发亲娘的遗像，听着他妹妹悲痛的哭声，和他面对面拉了几句家常，见他和一帮亲戚、学生忙着挪电灯……我突然从秋天的黄叶中缓过神——不讨巧的人生才是自然规律。

耿老师，谢谢有你这样的老师，从我的世界路过。

黄厚江老师被称为"黄老邪"

《中学语文教学参考》组织六人沙龙研讨"如何通过教科研提升教学能力",主持人黎炳晨称黄厚江老师为"黄老邪"。他说黄老师的课上得出神入化、轻松自在,他课堂的语言艺术和追问艺术登峰造极,任何难题都能被他化为无形之中。黄老师在沙龙上的表现正好匹配了"黄老邪"这个称号。

沙龙的另一个嘉宾曹勇军老师表示,老师最重要的教学能力是表达写作。还有这四种能力必不可少:文本解读能力、教案设计能力、追问和评价能力、独立命题的能力。主持人让黄老师也说说教师最重要的教学能力是什么,黄老师说:"曹老师已经说得很完整了,我就不说了。"主持人机智地说:"那你把这几种能力排个序。"黄老师说:"四个都重要,缺了谁都不行。"正当台下教师疑惑时,黄老师说:"我故意调皮一下,我上学的时候就是一个调皮的学生。"

台下大笑,黄老师说:"说通俗一点儿,教师的教学能力就是上好课、让学生考好试。所有好课都来自文本,来自对文本的反复阅读。余映潮老师亲口说,仅仅《孔乙己》他就研读了五六十遍。你想想,像他这样研读,一定能上好课。王荣生教授有个课题是如何发现有价值的教学内容。老师的责任就是发现教学的内容,也就是要教的东西。比如,教学生写作,你就要教学生从无趣的生活中找到可写的东西,不要埋怨学生没有见识,没有文采。还有就是有办法对付学生,这是教学管理,管理不好课堂就上不好课。我们都是普通大众,让孩子考出自己最好的成绩是必须的。你自己有孩子吧?你会把你的孩子送到一个课题做得好但教不出好成绩的老师的班里吗?"

老师们鼓掌、大笑。黄老师接着说:"教科研能力不等同于做课题的能力。有些课题研究的内容我都不看,很多课题结项了就结束了。你看近十几年的课题,教育的问题都研究了,也都取得了成果。但这都不是真正的教科研,如果

是真正的，教育就不会搞成现在这样子。"

在老师们的笑声中，黄老师又说："要让学生考好试，你就得有发现考试试题的能力，就是曹老师说的命题能力。语文说是母语，其实没什么地位。如果那些不尊重语文老师、语文课，不好好听讲、不做语文作业的学生，考出的成绩比好好听课、好好做作业的学生还要好，那就是你没有从文本中找到试题的本事。很多老师自己出的题，拟出来的答案却是错的。你说你怎么能带着学生考出好成绩？"

台下静得只有录像机发出的声音。

沙龙的第二个环节中，主持人把最后的三分钟交给黄老师。黄老师拿起话筒说："我没什么说的，他们都说了，只有三分钟了，我还能说什么呢？"老师们边鼓掌边喊："延时！"黄老师看气氛差不多了，于是侃侃而谈。

谈到老师写论文，黄老师表示写论文就像女人十月怀胎，一朝分娩。人们总说"孩子是爱情的结晶"，所以没有爱就不要写论文了。他让现场的老师从今天开始，选准爱的对象，然后天天琢磨着写什么、怎样写，十个月后肯定有一个健康的孩子——一篇好的论文。有些老师三个月、十几天甚至一晚上就能写出来一篇论文。这样迅速写出来的论文叫早产儿,没有生命力,没有成长力。真正成长的路是没有捷径可走的。简单说,老师要为学生着想,想着解决教学中的难题,认真研读教材,这样才能上好课,才能带着学生考出好成绩。

沙龙研讨会又延长了二十分钟。黄老师被老师们簇拥着求合影,走不出会场。

另一个走不出会场的是把黄老师比喻为"黄老邪"的主持人黎炳晨。在我看来,"黄老邪"不仅概括出了黄老师的外貌特征、语言特色、学术特点,还把整个沙龙带入金庸小说中武林高手云集的情景里。后来得知,主持人黎炳晨是个金庸迷,微信名叫"欧阳锋"。

(黄厚江,基础教育首批国家教学名师,享受国务院政府特殊津贴的专家,二级教授,江苏省语文特级教师,江苏省首批教授级中学高级教师,苏教版初高中语文教材主要编写者,省五一劳动奖章获得者。对中学语文教学有全面深入的研究,倡导的"本色语文"和"语文共生教学"在全国具有广泛影响。发表论文数百篇,应邀在全国做讲座数百场,执教公开课数百节,出版多部语文教学专著及学术著作,长篇小说《红茅草》获第四届叶圣陶教师文学奖。)

此次如初见

周末在家,手机响了,我看到要听报告的通知。做报告的主角我认识了十多年,总感觉岁月在她的脸上流淌时是那样温柔静好,微胖的体形恰恰给她增添了母性的光辉,外地口音使她在人群中很好辨认,舞蹈的功底也助她行走轻盈。

黄校长说了许多恭敬的话,女主角随之登场了。她没有底稿,没有PPT,也没有锣鼓喧天的开场白,甚至她说她还没有准备好……

她说了四十分钟,一堂课的时间。结束时虽然领导都在她周围,我还是走了过去,握着她的手说:"郭老师,以后不许说自己快六十岁了,你哪里像是个六十岁的人啊?"为什么我没有说一些仰慕佩服之类的官话,因为我喜欢她身上滚滚红尘的味道。

她认真、尽责。中招前夜,她在台灯下替学生总结知识点;放学后,她盯着学生把教室收拾好;培训老师时,她一个一个地把关;带老师比赛时,她反复改进教学设计……但是,她略过辉煌的战绩,只如流水般讲述若干年后学生的状况,如数家珍。

她心细、体贴。她注意到有贫困生交的钱又零碎又脏,就请求学校不要再收这些学生的杂费;她知道所带的老师心力交瘁,就暖语温润,帮她们走过泥泞;她了解儿子不想在国外继续生活,就支持他回国重新开始……她带过的学生中有重点大学毕业并做出一番事业的,但她没讲,只说起一个卖猪肉的,一个开三轮的,还有一个在县税务局工作的。她记得他们的名字,说起他们的故事,就像讲自己孩子的故事一样娴熟……

学生能炒两个素菜,她说:"你真棒,好好干,将来能当个大厨!"学生当大厨了,她说:"你真了不起,能养活一家人了!"学生成家生了两个娃,她说:"你真棒,还娶媳妇有娃了,真不简单!"她反复地说:"当老师就要当一个好老师!""认真地做好每件事,你就能得到快乐!""人才毕竟少,但学生成人了,就不该给社会添乱了!""一个女人,好好工作,心中有大格局,就有自尊自重的资本。""不要侮辱孩子,哪怕你吵他,也不要伤他的自尊!"……这些大道理,怎么从她的嘴中讲出,就听起来这么顺耳呢?

  我见过跳舞时候的她、做饭时候的她、开会时候的她,今天我第一次看到讲课时候的她——她让我想起了很久之前看到的一个故事:潮退了,沙滩上滞留了很多小鱼。有一个男孩儿不停地把鱼儿拾起扔向大海。旁边的人实在看不过,就好心劝男孩儿:"你捡不完的,太累了,没有人会在乎你这样做的!"男孩儿看看手中的鱼,说:"我知道,可是这条鱼在乎!"

  我握着她的手跟她说话时,她如少女般羞涩地笑了笑,并颔首道谢。看来,岁月对她的面庞轻柔以待,是因为她内心对岁月的敬重。

  我似乎听到了村上春树的"且听风吟",看到了纳兰容若的"人生若只如初见"。

亲爱的来老师

晚上 11 点 25 分，来海花老师的个人公众号更新了。我很快点开阅读，内心也有些波动：来老师终于通过她的文字、图片、视频，把她一学年的教学想法记录了些许。正是她的记录，给我的心灵注入一股潺潺流淌的清溪。

第一次和来老师面对面，是 2023 年 5 月。那时的她作为国培"送教下乡"的学员代表发言。五位发言的学员代表都是从班级层层选拔出来的，PPT 和发言稿已经被打磨多次，就等第二天上午登台。这天下午四点，她们到会场拷贝 PPT，领导安排我指导一下。这一指导，把五位老师折腾得够呛：PPT 和发言稿都需要大面积地修改。其中来老师最惨，发言稿的结构做了调整，这意味着她要重新做 PPT。

第二天上午发言的时候，来老师的 PPT 和发言稿已焕然一新，我想让她呈现的，她都做到了。

这个月月底，我到来老师所在的泗店乡余义平乡村首席教师工作室参加活动，并做了《愿你们在田野上播下爱和知识的种子》的发言和《教师工作室发展的几点建议》的讲座。据来老师说，她就是受了我发言稿中"行走在乡村教育的田野上，你用眼睛、用心灵、用照片、用视频，记录下教育的琐碎"的启发，在秋季接一个新班时才决定更新公众号的。

我知道她开始写教育随笔后，在朋友圈转发了几次。她不是一个特别会写作的人，最初编发的文章语言也不优美。但我鼓励她写下去，因为乡村的孩子太需要有人呵护和记录他们。来老师的记录不仅得到了我的关注，还得到了她所在学校校长和老师们的支持和赞誉。就这样，她的写作能力和拍摄剪辑的能力也越来越强了。

她自己总结写教育随笔给她带来的"福利"：1. 写随笔让她在反思中成长。写的过程其实就是反刍、整理的过程，让班级管理的思路更清晰，也让她注意到管理中的漏洞，从而不断完善管理。2. 写随笔让她有了自愈的能力。写作能让人学会理性思考，让人自愈，从而享受写作的过程。3. 写随笔让她认识了很多优秀的同行。在我的小吾读书社里，她认识了很多当地有名的作家，他们的眼界、谈吐、学识打开了她的新世界。4. 写随笔让她意识到再小的个体也可以发光。在参加县级"班主任技能大赛"失利后，她写了一篇《"成功之母"经验谈》，没想到这篇文章浏览量很高，后经我引荐后被河南班主任公众号采编，同时吸引了来自全国各地的几百个老师来关注她的公众号。

这一年我看到了一个怎样的来老师呢？她完全融入学生当中，和他们一起经历喜怒哀乐，一起拔节开花。她积极参加各种活动，读书、培训、讲课、班主任技能大赛，一样也不放过。

我在几次《关于教师如何找到幸福，如何成长》的讲座中讲到来老师：她本来想成为乡村留守儿童的光，没想到这光也治愈了曾经的自己。去年12月29日夜晚10点，她发信息给我："我现在真的很好哦，刚刚和闺密游完泳哩。"我的眼泪夺眶而出……

这一学年，她坚持把《那些盛开的花》更完35期，坚持参加了33次读书会。她写的两篇读后感登报，一篇文章荣登《教育时报》，她也鼓起勇气申报马云公益基金会2024年"乡村教师计划"……

这一切，如不断汩汩流淌的小溪，在我耳旁浅唱着。

亲爱的来老师，请你继续把握现在，期待未来，又对未来不做过多的期许，好吗？

邵老师

我一年级上了两年，那时的学校由湾里的一个仓库改建的，老师是湾里的一个长辈。二年级时我到乡里的中心校了，遇到讲普通话的邵老师（估计是学校当时唯一说普通话的老师），她当我们的语文老师兼班主任。邵老师对我这个流鼻涕、不敢说话的女学生应该没什么好感，但这并不影响我疯狂地模仿她说话和写字，我的成绩也莫名其妙地好起来。

有次邵老师拿着一个花手帕进教室，边打开边说："有个同事结婚发喜糖给我，我舍不得吃，现在分给你们。"几个胆大的学生马上欢呼着围住她索要。我远远地看着，自然没吃到糖，但这糖一直甜到我的心里。以至于后来我当了老师，每次吃点好吃的东西都想给学生尝尝。三年级下学期，因为没交三元的学费，完全不知情的我被学校领导叫去问情况。觉得自尊心碎了一地的我，流着泪一句话也说不出来。已经不教我的邵老师走了过来，温和地让我回去给大人说清楚，然后就让我回教室了。后来的事我都不记得了，只记得邵老师柔和的眼神。再后来，校园里没见过邵老师了，听说她调回了老家千斤乡。

这么多年，每次听到谁把老师比作慈母，我就想起邵老师，想起邵老师穿皮鞋教我们踢毽子的美好情景。

我曾经写文章好几次提到：邵老师使我有了当老师的梦想。但要我回忆她说了什么关于梦想的言论，是一句也没有的。似乎是她的普通话、锃亮的皮鞋、好看的金牙、平静的面孔、西装下从容的步伐……每天都在散发着梦想的味道。

刚从师范毕业的时候，我应该还能找到邵老师的。但当年优秀的学生此时成为一名小学老师，且工作在以南瓜、腌豇豆为主菜的村小。彼时的梦想也跟着低工资矮了一大截，哪还有勇气拜见老师？后来结婚、生娃、调动、买房子，更是在狭缝里求生存，梦想也只能说给深夜的自己听了。这些年天南地北地学习和交流，邵老师"润物细无声"的教育理念又在我的脑子里复活了。

20 世纪 80 年代，很多老师都是用自己做人做事的方式带学生，让学生看到很多人性的光辉。邵老师不会到处宣传，只会默默去做自己觉得应该做的事。也许她压根就没想到，这种看见人、关心人的教育方式，是可以深入学生骨髓里，并陪伴学生一生的。

给新入职教师的几点建议

这几年，我一直承担新教师岗前培训的任务，这里有几点建议写给你们。

一、服从分配，期望不高，要求不多。

你们从不同的学校毕业，所学专业不同，一场考试又把你们排了序，选岗的时候能掌握主动权的就几位老师，因此大多数人应该不是特别满意自己的岗位。若干年之后，也许你们会明白，工作的第一个地方并不能完全决定你们成长的高度。

新县的小西藏卡房，是很多新老师特别是女教师不愿意去的地方。而我身边好几个优秀的老师、领导工作的第一站就在卡房。小学校的人际关系简单，有经验的老师会主动对新老师伸出援手，人在偏远的地方也能安静地学习。如果你们自己愿意成长，小学校同样有机会和资源。如果你们如愿选了满意的学校，身边优秀的人很多，关系可能会复杂一些，工作压力可能也会大一些。新老师在这样的环境里，最好的姿态就是虚心、低调，多向别人学习和请教。

不管在哪个学校，都要服从学校分工，尽力把工作做好。年轻人有再大的本事、再好的容颜，也不要趾高气扬、目中无人。多干些力所能及的体力活，多为领导特别是年长的老师干些信息技术类的活，不要怕吃亏。好口碑不一定能成就一个人，坏口碑倒是容易毁掉一个人。

最理想的状态是能开一朵属于自己的小花，在班级管理、班级成绩、演讲比赛、征文活动、后勤服务等方面，至少有一样能拿得出手。没开花也没关系，先站稳讲台。

二、认真研读教材，上好每一节课。

首先，要忘掉以前演习无数遍的说课和微课模式。真实的课堂是师生互动，不是老师自说自话。

其次，要认真研读教材。这样即使套用别人设计好的PPT，也能掌控节奏，遇到超出PPT范围的内容也能应答自如。

最后，一定要在课堂上给学生留时间做练习。很多新老师害怕练习时间的课堂纪律不好管理，但如果每个学生都有学习任务，教师也能及时检查学生练习的结果，就没必要担心。

课堂上学生的练习情况，能反映老师的教学效果。长期的观察和总结，不仅能使老师掌握学生的整体学习情况，还能摸清每个学生的学习能力、学习习惯、性格特征。当我们掌握了真实的学情，就慢慢有了课堂教学的实用性和艺术性。

三、构建良性的师生关系。

新老师最容易忽视的就是师生关系。我接连三年对近二百名新老师做过调查，只有四名新老师说"师生关系最重要"。其中两名老师告诉我这是他们实习的时候带他们的老师说的，另一名说这是身为老师的父母在家认真交代的，还有一名表示这是读《第56号教室的奇迹》之后自己认识到的。

良性的师生关系不仅会让你的课堂管理轻松自如，还会让你的教学效果事半功倍。好的关系能解决很多问题，不好的关系可能会造成很多问题。

新老师为人处事缺乏经验，不如先在师生关系上下狠功夫。得民心者得天下，得学生爱者得尊严。我从教几十年，坚持以学生为中心，凡事找学生商量，所有家长通讯名都是××学生的爸爸或妈妈，自认为和学生关系不错，也鲜有和家长脸红脖子粗的事件发生。

构建良性的师生关系不是靠哄，而是要首先给学生安全感，其次是依赖感，最后是信任感。新老师可以从"大哥哥""大姐姐"的身份出发，掌握一些班级管理和师生相处的良方，慢慢就能构建良性的师生关系了。

当然，自己的形象、学习力、情绪掌控力、才艺特长等也会对构建良性的师生关系产生影响，但最牢靠的师生关系的构建还是需要付出真情，需要专业知识的引领。

万事开头难，牢记这几点，也许对刚入职的你们会有一些帮助。

郭锋老师与质感

在北师大中原名师培训班上,来自陈经纶民族中学分校的郭锋老师除了会讲课、做讲座、出成果,还把传统语文中的数字化技术烹饪出语文的味道。这使我深刻认识到,不是数字化不适合语文教学,而是我们没有让数字化更好地为语文教学服务。

郭老师也有另一面,他是一个有情趣、会生活、能表达的人。他除了专注语文教研中的论文写作和课题写作,还会填古诗词、写新诗。其实很多教育名家都会写小说、诗歌这些看似在教学中用处不大的文体。例如,黄厚江老师写的长篇小说《红茅草》获得第四届叶圣陶教师文学奖提名奖,班级管理大师王晓春老师也写了许多新诗。我没想到郭老师因事、因时而作的诗词，竟能够在做讲师培训的时候展示出来。

郭老师为何能兼得鱼和熊掌？也许专业的精进和语文的濡染并没有使他成为工具人。还记得余映潮老师看到街上高高的路灯杆上挂着自己的巨幅像，他竟然想：他站这样高，该多么孤单、多么冷啊。这种悲悯的自我观照，是一个语文老师在语言文字的赏析中应该具备的共情能力。

我想，我之所以羞于拿出自己的非专业文章，无非是专业没有做好罢了。

郭老师说，教语文要体现语文的质感，做人也要做出质感。而他最有质感的地方就是"人情味"：永远温和而不失尊严的笑，永远低调而拥有内涵的展示。尤其是他作为一个传统知识分子体现出的做人的质感：坚守底线、进退自如、悲天悯人。

闵校长

"如果新县教育界需要选一个箭河（新县的一个乡，这里的人以脾气硬、说话杠出名）人做典型代表的话，闵新中稳居前三。"当我把这句话转给闵校长听时，他不笑也不恼，慢悠悠地说："箭河人么底呢（怎么了）？得罪你们了？你自己也是箭河的（我老公是箭河人），你还跑得掉舍（推脱了）？"这天儿真没法聊了……

记得当年抱着一岁的儿子到二中报到时，分管教学的何校长看了看我，就把我领到当时还是主任的闵校长面前："让她带一个班的语文吧！在教导处帮帮忙。"闵校长什么也不说，倒是他对面的李主任和我说了几句话。李主任帮忙搬来一张桌子，并安排好座位。我就这样糊里糊涂地进了教导处。我那时候实在是害羞又勇敢，半学期不敢跟两个主任说话，半学期没请教任何人，自己在那里使劲儿教书。

有一次，闵校长说我四嫂是他的表妹。我心想："是亲戚不照顾也就算了，还天天把脸虎着吓人。"这以后我见到他偶尔会主动笑笑，但他面部的肌肉似乎一直在冬眠。

当时学校的加班费少得可怜。有次说到这个话题，我多了一句嘴："某某中学是我们的两倍。"闵校长抬眼望向别处："我说话好懂不好听，别的学校补助高你去就是了。"我当时差点儿被他的话噎死，从此不再嘀嘀咕咕说些没用的话，而是踏踏实实研究教材，写教案，上课。

有天我在班里上课，闵校长找到教室外面："你还没有优质课，怎么不报名讲一节课？"我回答已经有两个老师报名了，怕自己讲不好丢人。他说："怕么事（不用怕）。你的课我听过，讲得还可以，我把你的名字报上。"因为这次报名，我的课被教研室刘主任看中。后来刘主任让我讲了好几次全县公开课，还把我送到市里参赛，我获得了第一名。

每次提到这事，我都想说一句感谢闵校长的话，可他怼回来："你自己有那个样儿（本事），跟我没多大关系。"

余校长向领导班子推荐我当班主任，我老公不同意，余校长就让几个副校长到我家做说客。朱校长和胡校长都说了很多客气的话，此时已经是副校长的闵校长说："你要是非不干，学校也不是找不到班主任。但一个人教书不当班主任，也不能说就是一个好老师。谁家没困难？不都是慢慢克服掉的吗？"

我当上班主任后，闵校长把他同学的孩子放在我班，当着家长的面说："三年后你就知道我害没害你。一个老师对一个孩子的影响不能看眼前。"六年后，这个孩子上了名校，还隆重邀请我赴宴，闵校长也在场。他还是慢悠悠地边挥动他的右手边演讲："教学生要用心用情，我说你能当个好班主任吧。"

闵校长到乡下当校长后，我曾经去了两次，一次是课题研究，一次是做讲座。我每次去，他都把全校的老师召集过来，让他们听我讲课，而他自己反而不听。他对别人说："她的课我听多了。再说，我现在也不能提出指导性的意见了。"

当然，有人不喜欢这样不停敲打人的领导，这样的领导永远让你战战兢兢。可是他又使你不敢狂妄，时刻保持谦卑。

其实，很多时候我都想对他说声"谢谢"，但又怕他说出那句"谢我是假的，谢你自己才是真的"。可是，我的"谢谢"明明是真的呀！

王师傅

王师傅给我当了很多次司机后,鼓励我自己开车。他说:"你拿了十年驾照,家里又有车,眼睛也不近视,大脑更没问题,竟然不会握方向盘!"

我纠正道:"我会握方向盘,就是握着不敢踩油门上路,因为没有实战演练。"王师傅宽慰道:"别怕,开给我看看。"我不敢。但王师傅锲而不舍,直到我的耳朵被他那句"没多大事儿"塞满,我才坐上车的驾驶位。

虽然有足够的心理准备,但王师傅还是被我吓着了。因为我启动完车,准备放下手刹的时候,问他:"左脚踩刹车,右脚踩油门,对不?"我见他听后瞬间面色煞白、神情凝重,但马上平静下来,一句一句地说出:"左脚不动,右脚踩刹车。放下手刹后,右脚松刹车,车就会走了。"

我立刻两股战战,不敢下脚:"怎么这么复杂啊,我还是不开了!"王师傅温和甚至有些讨好地说:"你试试,有我呢。我开了二十多年车,走南闯北,你还不放心吗?"

于是,我请他把刚才的步骤按照顺序说出来,而我在他的引导下,把车启动起来,不过有点儿像骑自行车走上坡路。可我还嫌快,不敢把脚往油门上放。王师傅呢,手一直放在手刹上,嘴里不停地说着:"可以。""照直开。""根据路面上线的方向打方向盘。"走了大约五里路,我好不容易在他的指挥下停了车。我说:"我快紧张死了!你看,手和脚全在抖。"王师傅说:"我的心也在抖呢!全身都被吓出了汗。我比你受罪多了。"

经历这样备受煎熬的教学过程,我以为王师傅不会再教我开车了。谁知道第二次见面,他还是鼓励我试试。第三次、第四次……他抓住每一次跟我见面的机会鼓励我"试试"。

就这样大约过了半年时间,我终于敢独自开车在路上跑来跑去了。在路旁停下车拉起手刹时,我忍不住打通了王师傅的电话。他在电话那头感慨:"过去的一年，我做得最艰难但最得意的事，就是教会了你开车。我为自己感到骄傲。"

我被自己的笨逗笑了，也被王师傅的耐心感动了。现在我开着自己的车走乡间土路也跑高速，感觉世界的范围扩大了，自己能掌控的东西也增加了。可以这样说，如果没有王师傅，我可能就不会开车上路，可能一直要等到自动驾驶的时代才拥有自己的车。

没有老师身份的王师傅用事实教导身为老师的我：教书育人同样需要不抛弃不放弃的仁心与耐心啊！我永远记得王师傅给我上的"优质示范课"。

写给乡村教师：愿你们在田野上，播下爱和知识的种子

尊敬的吴主任、邵股长、卢校长，各位老师们：

感谢大家一起努力，余义平乡村首席教师工作室正式揭牌亮相了。卢校长在工作室的筹划、建设、打造方面都走在第一梯队，在此我对卢校长的敬业精神和工作能力表示敬意。

四十年前，我湾里还有一间教室，老师就是本湾的朱忠勤老师。我就在那间教室上完了一年级。正月初一那天，朱老师的学生都到他家拜年。所以，我们在很小的时候都知道什么叫作"抬脚半步有师长，举头三尺有神明"。

十年前，我在一所大学学习。一位教授用数据、逻辑、事实告诉我们：正在大面积消失的教学点、村小有可能使一个湾、一个村失去文化的濡染、失去发展的生命力。因为一所学校的先生往往就是一个地方文化的传播者、把关者。

五年前，我去一个村小，以前拥有几百名学生的学校只剩下五个学生。但学校的老师说："周围的人最爱聚在学校聊天、商量事，这附近就数学校热闹。"而去年，那个学校只剩下几排空荡荡的教学楼了。

一年前，我在网上看到一个视频号，它讲述一个老师带着全校仅有的六个学生升国旗、唱国歌的事迹。那个视频下面最多的评论是：向坚守乡村教育的老师致敬。

所以，成立乡村首席教师工作室，首先就是向你们致敬。

你们很忙，你们很累，你们很不容易，但你们又很重要。因为你们是教育的神经末梢，最敏感、最重要，也最能感受到老百姓的酸甜苦辣。

但今天，我只想说："愿你们在田野上，播下爱和知识的种子，让这片土地充满希望和生命力。"

封丘县潘店镇大辛庄小学有一名老师叫任明杰。他 2014 年大学毕业后，只

身来到当年的贫困县贫困村担任特岗教师，从一个"被动"选择教师职业的青葱小伙，成长为河南省最美教师、河南省中小学优秀班主任、河南省最具智慧力班主任。他现在是学生和家长口中最信赖的任老师。

任明杰说："乡村教育，是一场心灵的修行。"有些老师应该记得：2018年2月，一篇名为《特岗教师生活记录》的文章在网络上迅速走红，原文浏览量近80万。这篇网文的图片、视频、文字的编辑就是任明杰。后来，他和信阳的吕雪灵相爱了。2019年，教育时报在成长之夜上为他们策划了感人的婚礼。2020年5月20日，任明杰的孩子出生，很多人都参与了教育时报发起的给这个孩子取名的活动。

老师们，你们也可以成为任明杰。

行走在乡村教育的田野上，你可以用眼睛、用心灵、用照片、用视频，记录下教育的琐碎。当你的脚下沾满了泥土，就会有芬芳、有蝴蝶。最重要的是，你会获得属于自己的幸福，也会收获诗和远方。

安徒生童话里有个叫艾丽莎的公主，她忍受荨麻疹的刺痛、环境的恶劣和有权势的主教对她的诬陷，不眠不休地织成了十一件长袖披风，使她的哥哥们恢复了人形。她承受了肉体上的折磨、精神上的压力，最终实现了梦想，赢得了幸福。这则童话陪伴了我三十多年的教学生涯，今天我把它分享给你们。

余秋雨说：我到很晚才知道，教育固然不无神圣，但并不是一项理想主义、英雄主义的事业。一个教师所能做到的事情十分有限。我们无力与各种力量抗争，至多在精力许可的年月里守住那个被称作学校的庭院，带着为数不多的学生参与一场陶冶人性人格的文化传递，目的无非是让参与者变得更像一个真正意义上的人。但是，面对这个目标，又不能期望过高。

面对社会历史的风霜雨雪，教师掌控不了什么，只能暂时地掌控这个庭院、这间课堂。

谢谢大家。

备注：2023年5月26日，新县泗店中学余义平乡村首席教师工作室揭牌，这是我作为工作室顾问之一的发言稿。

颜如玉

如果人生是一本书，他绝对是我从这本书中遇见的颜如玉。

2000年9月4日，我到县城二中报到，感觉四处都矗立着楼房，每层楼中的每间房子似乎都是办公室，房子里外都是陌生的面孔。本来就分不清方向的我更加茫然无措——不知道朝哪个方向迈步，只得怯生生地站在楼梯口。身后的妈妈和姨姥抱着我一岁的儿子，也不知道往哪里去。

此时，我们的右侧走来一个拿着硕大三角板，留着随意分头的人。他敏锐地发现了我的无助，径直走向我，问清我是来报到的新老师后，就热情地把我带到了校长办公室……后来妈妈和姨姥念叨了好几天："那天走运遇到了那个老师，他丑丑式（容颜不出众），心肠还怪好的。"

这个人就是朱颜，按照朱家宗族的辈分，我应该叫他爷。他在我初入县城时就扮演了一个指路人的角色。我怎么也没有预测到：未来的时光里他一直都这样，在适当的时候出现在我面前。

那时候的我还年轻，有着一切青春的狂躁、冒失和自以为是。

记得有个午后，因为他搬家，他的学生送了他一个花瓶，瓶里配了几束花。我对其中的几株向日葵赞不绝口。他马上说送给我，我竟高兴地接过来准备拿走，旁边的一个同事建议我拿两朵就好。他见我喜欢，一直说全部给我。几年后我才知道，搬新家时送花是讨"发财"的好兆头，哪能随便要？但他整个过程给我的是"此事可行"的舒适感。

有几年流行十字绣，他家小奶也跟风，日夜赶出一些绣品。其中有一横幅"福泽吾家"的绣品简单大气，已经悬挂在他家的客厅。我见了连声说好，还说自己没时间没闲心去亲自绣，不然也绣一幅放在客厅。他说："你上班带孩子多忙呀，哪有时间绣这种东西，要真看中就把这幅送给你。"我当时就笑着说："真给我呀？巴不得呢！"第二天，他就骑着摩托车带着我那贤德的小奶，把小奶辛苦绣了几个月的"福泽吾家"的绣品搬到了我家，还帮我老公选了一个合适的位置细心钉好。后来有同事也是他的邻居来我家玩，反复说："你真行，你真行……"当时我哪听得出人家的弦外之音，还以为别人夸我会做人、人缘好呢！

有天上午十一点，我因某事伤心得难以自制，竟然在政府广场花草处公然流泪。我打电话给他，哭着陈述事情的前因后果。他不厌其烦地开导我，感觉我好点儿了之后才说："我在外面办点儿事，不能当面安慰你。等有空了我再找你说说。"我这时才发现自己占用了他好长时间，忙问什么事，有没有耽误他，需不需要我帮忙。他忙说没多大事，不用我操心，需要我帮忙他一定会跟我直说……

一个月后他才轻描淡写地告诉我，我给他打电话的时候，他因为好心帮助人贷款扯上了官司，当时人在司法局处理事情，正在焦灼筹款中。而电话这头的我，竟然为一个无关痛痒的事占据他半天时间。

我不记得自己为他做过什么，只记得我不停给他带去麻烦。我许多家事和工作上的事，都是他帮忙处理的。我有次给全县老师讲国培课，一个学生临时出了点儿状况，班长跑过来向我汇报。他在乡下不知道怎么知道了，竟马上打电话来问具体情况……

这二十多年来，他无处不在的关心给了我踏踏实实的温暖和依靠。

家里有了矛盾时，他说："你家的多好，遇到这样的人是你的福气。哪个男的没缺点呀，我在你小奶眼里就一文不值。"所以，我在婚姻中多了忍耐和平和。

鼓励我当班主任时，他说："你在课堂上能抓住学生，就一定能成为一个好班主任。你当了班主任才知道，仅仅当个老师的话，看事的格局就小多了，所以，我在教书育人中拓宽了视野和天地。"

让我把写的东西发表出来时，他说："你写得多好呀！有真情、有生活气息的文字就有生命力，不要过于在乎世俗的看法。"所以，一直爱写作的我才有勇气向各个刊物投稿。

谈职业前途时，他说："教书真是一件有意义的事，别看收入少，精神状态却一直好。尤其每年那一群群大学生到你面前一站，不知道有多自豪。"所以，我始终把学生当作可以期待且必须尊重的生命。

写此文的时候怕惊动了一向低调的他，可他的回复还是那样托举别人："承蒙你看得起！我没做过什么惊天动地的事啊！"

有人说，让人舒服是一个人的最高修养。他一直都是这样的人！与父母、妻儿、兄弟、姐妹、同事、学生甚至路人在一起时，他都散发着温暖而不刺眼的光，让人舒服。

一师花香　一路花香

我带着五十名英语骨干教师在信阳师范大学培训，认识了信阳师范大学英语学院的余运伟教授。

这天，余运伟教授的弟子带来一捧鲜花献给余教授。余教授把这花放在教室里，整个教室因为这花馨香弥漫。毕业很久的学生还送花给余教授，我一点儿也不意外。因为这十多天的接触，我已经体会到余教授对同事、对学生始终像个贴心的邻家大姐姐，更是使尽洪荒之力托举他人。

只是没想到：下课后，余教授竟把花送给了我！

在我们抱着花，相互说出平时不好意思说出的赞美时，学员们都举起手机拍摄。我决定留下鲜花，留下馨香。我感慨道："要跟桃李满天下的人多打交道啊，不仅能沾香气，还能沾仙气。"学员们大笑。

在微型课评比环节，我把花特意放在五位评委中间，并说："你们闻着花香工作，笔下自留芬芳。"在多多少少带点儿火药味的微型课上，五个组在较量，五个人在比拼，五十个人在评头论足，课程却在温馨互助的美好氛围中结束。

学员们展示才艺的大幕拉开，熊远胜班长细腻地演绎《雪落下的声音》。文艺范儿的班长平时不声不响，干活却细致入微。如果不是为了给小组出节目，很多人不会知道他还有这样优美的歌喉。班长唱完，我手捧鲜花和他合影，并对大家说："主持人叶小萍说班长'帅气而又有才华'，我再送他两个词'不张扬''肯付出'。我们下期还让他当班长，好不好？"学员们纷纷喊"好"，班长只是害羞地笑，没有任何语言输出，但我想，他的心中一定有花香。

临到学员杨培唱《父亲写的散文诗》了。我不是第一次听这首歌，但在这欢乐的现场，我竟然还是没绷住情绪。也许是杨培演唱时饱满的情感被我捕捉到了，我了解到这个看起来超级阳光的女孩儿，母亲正在住院，父亲早已离开。

杨培唱完，我起身到教室后面调整情绪，此刻眼泪还没出来。但杨培走了过来说:"朱老师,我唱的时候看到你动感情了。差点儿唱不下去……我有点儿不好意思,今天不应该选这首歌的。"我的眼泪流了下来,对同样流泪的她说:"你唱得很好,我也很爱父亲。流泪也许是因为父亲是我们的铠甲,也是我们的软肋。"

在总结这次学习旅程时,我说出几个始终在背后默默付出的学员:林芙蓉老师有三个孩子,最大的九岁,最小的不到一岁;朱转转老师一家至少在三个地方住,今年她首次当班主任和副级段长,刚刚参加完十五天的培训师学习;叶小萍老师是学校教务处副主任,杂事多,但这次她把组长的工作做得又快又好;杨培老师看起来云淡风轻,其实她今年去了一个新学校,刚参加完十五天的培训,培训期间,每天晚上都到医院陪母亲……

我接着说:"希望大家永远留住今天的花香,好好对待我们的学生,好好在专业上成长,最终成为灵魂饱含香气的英语老师。"

在告别的时候,杨培特意过来说:"朱老师,谢谢你。我妈妈今天出院,我开车带她回去,就不和你一起回去了。"我赶紧把花递给她:"拿着这花,放在接妈妈的车上,让她闻着花香回家。"

一张中学照片

　　王同学看完我的《一张小学照片》一文，让我写写中学照片。我推辞说暂时没找到毕业合影，袁同学马上把毕业合影发到班级微信群。与小学毕业合影不同，这合影已经是彩色的了，我一眼就看到蹲在第一排穿着红裤子的自己。那个小学毕业时蹲在第一排的小女娃现在已经膀大腰圆，无处遁形了。

　　拍这张照片时，我是班里的学习委员，跟袁同学同桌。忘了是班长不听使唤还是我特别听话，班里的大小事都由我来落实。比如元旦联欢会，班主任胡老师策划了一个豪华版的"联欢会"，竟然让我当主持人，还让我负责写串词，并让我负责请全校的老师参加。

　　可是我当时是个流着鼻涕、手被冻肿、穿着不合身衣服的胆小鬼，除了成绩年级第一，我想不出什么理由让胡老师选我干这件大事。当时的"联欢会"对绝大数人来说是陌生玩意儿，我猜想它应该像过年时电视上播放的那种"春节联欢晚会"。于是我找了王同学作为男主持人，然后逼着同学们一个一个报节目，不报就搬出班主任吓唬他们。这样我好赖凑了二十多个节目，然后写在一张纸上递给胡老师审。胡老师那个时候头上有个显眼的白色伤口，穿着大衣，眼光犀利，我从不敢直视他。好在他很快确定了节目，把纸递给我："还有老师的节目，你们的节目不需要太多。"

　　我们的"联欢会"是请学校大厨做的饭，很多老师都来了，同学们也吃得特别开心，夜里玩到十二点多，但我记不住吃了什么菜、同学们表演了什么节目、老师们展现了哪些才艺，只记得王同学只写了两个串词，胡老师的女友教同学们跳"蜗牛背着重重的壳"，程老师拿着笛子等到很晚……

　　为什么写这些呢？因为照合影的时候，我们二班的同学已经知道班级里的同学要分到一班和三班了。因为分班，我哭了两天，只吃了一个芝麻饼，似乎要成仙。偏偏照合影的时候，班主任让我以二班的名义去喊老师们、同学们集合。带着羞耻心的我到老师住的后院，一间屋子一间屋子地请他们，我当时实在想把脸蒙起来，可是做不到，只好红着脸、低着头、小声说出自己的来意。还好，大多数老师很友好，曾经教过我们那天又恰好在校的老师基本到场了。

现在看照片，教我们的老师当时真是青涩：教生理卫生的杨玲老师不过 20 岁，教英语的耿老师 23 岁，教政治的程老师 30 岁左右。遗憾的是，教几何的方一栋老师进修去了，曾老师那天似乎是回家了，教物理的杜严松老师、教代数的金世福老师、教化学的杨世修老师都不在合照里。

照片里虽然有四十多名同学，但其实已经有二十多名同学辍学或留级了。那次合影后，更多的同学不知去向。那时候能够把初中上完，已经是很厉害的一件事了。成年后有了微信，有少数同学始终保持联系，更多的同学散落在各处努力地生活着。

2004 年，在几位同学的张罗下，我们曾经聚了一次。第二年，在班主任的主持下，我们又聚了一次。这次规模最大，温暖的事情也最多，但也有了分歧。后来我不愿意组织这样大规模的聚会了，偶尔有外地的同学回来，我才联络在县城的几位同学见见面。这样的时候，只要我的老师愿意，我都会请他们到场。似乎有他们在，我们才算一个班的同学，才算一家人。

当了老师后，我对老师有了更多的了解。他们是早期农村的大学生，上学时意气风发、风光无限，是家里甚至村里的骄傲。参加工作后，他们却为生活的柴米油盐所羁绊，状况甚至不如同时期没上学的打工人。就拿评职称来说，我评副高比我师范的同学中最早评上的晚了七年，但教我初中语数外的老师评上副高又都比我晚。去年胡老师才评上副高，我和胡老师一起庆祝，特意叫上我的几个当老师的学生。

那晚因为有我的学生参与，聚餐有了祖孙三代共享天伦之乐的温暖幸福，也有了师道传承的惺惺相惜。我们出门时，银白的灯光里大朵大朵的雪花旋转着、飞舞着，似乎也在表达着什么……

咱就这样开学

过两天就开学了,我回答了几个老师的问题,现在分享给大家:

一、今年我的工作量减少了,是不是领导觉得我能力有问题？

有可能。还有一种可能是别人主动要求承担你的工作,而你没有表态愿意继续干,甚至在某处说过工作任务重。

其实,每年甚至每学期的工作变动都是再正常不过的事情,你正好可以借这个机会休息一下。如果想来年多干活儿,这一年一定要默默学习别人工作中的长处,不嘲笑别人工作的失误,并引以为鉴。当然,也要在适当的时候向领导说出自己的想法。

二、我今年当班主任,开学第一天要不要搞个隆重的仪式？

有个仪式是不错的开始,不然两个人结婚就不会举行婚礼了。但如果为了搞仪式把你自己弄得筋疲力尽,把家长也弄得筋疲力尽,把孩子们更弄得莫名其妙,那就不要搞了。

如果你接手一个新班,最重要的就是和一个又一个孩子熟络起来。做下面一些事可能比搞个仪式更有意义：1. 准确念出每一个学生的名字。2. 争取和每一个学生互动一次。3. 用一次打扫卫生或是发新书的机会暗中观察谁适合当班干部。4. 简单描述一下班级愿景。5. 准备一封写给家长的信,提出几点希望。6. 表扬第一天表现好的一两个学生,要有具体事件。

贪多嚼不烂,慢工出细活。每天一点一点且务实地做这些事,比花大力气搞一次仪式强。

如果你继续带某一个班,第一天最重要的就是和两个月不见的学生唠唠嗑。你可以做这些事：1. 观察一下谁晒黑了,谁长高了,谁似乎有点儿不高兴,谁的目光一直跟着你。2. 通过视频、PPT的形式,和学生一起回忆过去一学年的美好时光。3. 让学生给自己写一封信,封存起来,一个月后还给学生。4. 讨论班规班纪中不合理的地方，并记录下来。

这几件事做完了，学生的安全感、归属感、主人翁意识就都回来了，保证不比气球与鲜花的效果差。

三、我该不该检查学生的假期作业？

很多老师都知道假期作业不能查。一查，气得不轻的是老师，而不是学生；不查，又怕学生养成不听话、不好好做作业的习惯。

假期两个月，学生作业的状况其实是家长监督的结果。你拿别人的工作结果来作为自己工作的起点，这是一件很可笑的事。我在放寒暑假的时候告诉学生不要把完成假期作业放在第一位，练练字、看看书、旅游观光、走走亲戚也是可以的。

试问，是纠结过去重要，还是开创未来重要？学生因为害怕检查作业酿成的悲剧已经不能小觑了，我们何必还学唐僧念紧箍咒呢？放过学生，放过家长，也放过自己。

实在忍不住想检查作业，先回忆一下自己当学生的时候，假期作业是怎样完成的，希不希望老师检查作业。或是假设校长见面时让你先交十份假期学习心得，你的心态又是如何。老师有时候理解不了学生的表现，其实就是没有和学生换位思考，没有设身处地地替他们着想。言归正传，就是希望大家开学要心情愉快，不要一开学就头痛脑热或者睡不着觉。

与家长

羽扇纶巾

不要害怕孩子"玩"

经常听到家长这么说孩子："这孩子，脑袋瓜可以，就是爱玩。"还有这样说的："玩心太大，耽误了学习啊！""玩"似乎在家长眼中成了孩子成才最大的障碍。

有个成语叫"玩物丧志"，意指醉心于玩赏某些事物或沉迷、贪恋于一些小的兴趣爱好，就会丧失积极进取的志气和高瞻远瞩的志向。这些兴趣爱好不一定是有害的、负面的，但不能在上面花费全部的时间。

有人会说，我们教学生是让他们"为天地立心，为生民立命，为往圣继绝学，为万世开太平"的，哪能鼓励学生玩儿呢？凿壁偷光、闻鸡起舞等故事都是教育孩子们读书的。

可是，当孩子们在课堂上会背、会默写、会赏析"海日生残夜，江春入旧年"，却说不出一个旧事物孕育新事物的事例时，你不得不感慨：现在的孩子们真的太不会玩了。席慕蓉曾经说，如果一个孩子在他的生活里没接触过大自然，譬如摸过树的皮、踩过干而脆的落叶，她就没办法教他美术。因为，他从来没接触过美。

2025年上春晚扭秧歌的机器人让王兴兴一夜成名。他英语成绩极差，背负了很多年"差生"的称呼，小时候经常拆闹钟等东西玩，但他的父母没有强迫他放下手中玩的东西去刷题提分，而是鼓励他在自己喜欢的领域尽情玩，结果他在自己擅长的领域熠熠发光。

其实，玩是人的天性，爱玩是人的本性，会玩才是我们家长要引导的。把孩子的活动空间放在室内，确实安全省事；把孩子的空闲时间交给课本和老师，确实能学有所得。但孩子的探索能力就会退化，我们要让学生在实践中、在玩中感受自己的真实体验，从而让他们发现自然的规律，甚至拥有创作的欲望，亲自去实践。这难道不比被动接受他人的感受和陈述更重要吗？所以，亲爱的家长，如果你的孩子爱玩，请你不要制止，而是去陪伴、引导他，毕竟会玩的孩子才会成为有创造力的孩子。

此处也有桃源

应该是 2006 年的暑假，教育局组织老师进行继续教育培训。给我们讲课的大多是县教研室的教研员，偶尔穿插一两个校长和一线教师。

其中县农林的黄校长接地气又豪迈地宣传自己的学校，让我们一群老中青混合的学员笑得冒眼泪。他说："要说有教无类，我们学校做得最好、最到位。不管学生成绩如何，我们都热烈欢迎入校，从不歧视。要说因材施教，我们才是真正的践行者。我们学校根据学生不同的程度分为 A、B、C 班，分区管理，分层教学……你们想想，哪个学校能做到这样？我们把孔子请到了学校，矗立在荷塘边，我们有真正的圣人情怀。"

2010 年年底同学聚会，天南海北的同学都回来了。很多同学初中没上完就到外面打工闯荡，有的在大都市安了家，极个别的上了高中后漂洋过海了。还有我以前从来没有注意的一小撮——他们因为没考上高中，自己不甘心打工或者被家里强制而上了农林。他们的职业五花八门：教师、公务员、商人……听着他们的求学和就业经历，我竟然有些羡慕。

这些年做班主任，当然是努力培养尽可能多的学生考上重点高中，但也从不放弃那些后梯队的学生。我把当年黄校长的话讲给他们听，把同学的经历说给他们听。其中讲得最多的就是那个逆袭成为教授的耿同学，还有高中"抗战八年"，后来成为一所市级高中学校党委书记的程同学。我说："只要人品没坏掉，努力就会有回报，哪怕你是职高 C 班的学生。"

2018 年 9 月，扶同学发信息给我：老师，我真的成了你。我在新乡上班了！还有去年从空姐转型当航空学院老师的贾同学来看我，美得让我自豪。他们，就是那些成绩不优异，但从不放弃自己，在职高努力追梦的人。

2020 年 7 月，我意外接到职高校长的电话，说是邀请我去学校做一个讲座。我下意识胆怯了，但还是爽快地回答："我从来没有在一所职业高中做教师的成长讲座，但我愿意接受挑战。"后来我问职高的李老师："你们校长怎么想到请我去做讲座？是你推荐的？"他一脸蒙，表示不知道这事儿。过了好几天他才回答我："校长说读了你的好多文章，觉得你最合适。"这话像春雨又似春雷，使我准备讲座时有初登讲台的真心和喜悦。特别是讲座后一些专业深厚、德行兼备的老师对我的诚挚点评，让我感到高兴。

2021年7月，我再次来到职高校园，在孔子像前伫立，四十岁的孔子已经进入了不惑之年，还带着弟子们周游列国。那么四十岁的职高，是不是更加明白自己的使命和担当呢？

此处有桃源，荷花别样香。

儿子的新星生活

儿子是新星小学四年级的学生了。今年他在学校运动会乒乓球比赛中，拿回来第一名的奖状，得意扬扬地说："妈，看看，什么叫'让每一颗新星闪亮'！"有一次我带着团队到新星小学去做师德报告，在墙上发现"让每一颗新星闪亮"这一行字，回来分享给儿子听，没想到他竟然记住了。

上新星小学是儿子自己的选择，他说："我就上我的学校。"他在新星幼儿园上了三年，被胡老师、吴老师照顾得很好。幼儿园和小学毗邻而居，中间只需过一座桥。我想：哥哥姐姐的读书声、嬉闹声、追逐声、欢笑声一定给了他无穷无尽的想象空间，促使他义无反顾地选择最不利于爸妈上下班接送他的学校。

我们其实有一些担心，时常想他自己在一个那么多人的学校里会怎样呢。而且，我和他爸都是那种不太找老师的"沉默家长"。我的担心在儿子进校第一天回来后就消失了，儿子说："妈妈，我的好朋友都在我班里。我真是太幸运了！"我也和他一起高兴——男孩儿对伙伴的钟爱，就像女孩儿对美丽的追求。这近四年的时光，儿子的小伙伴们和他们的爸爸妈妈给了儿子许许多多陪伴和关爱。每次我出差，他们都会帮忙按时接送儿子，一有机会就带儿子聚餐和玩耍，这真是金元宝也换不来的贴心与温暖。

儿子小时候吃饭特别挑食。我们黔驴技穷后只得寄希望于让他喝奶粉补充营养。在幼儿园的时候他有所改变，但一到家又是鸡飞狗跳。听说学校中午就有午餐，我们赶紧给他报名。他开始有些不乐意，后来便爱上了和小伙伴们一起吃饭。这几年他不仅开始吃肉，习惯了喝汤，还懂得和小伙伴分享。他告诉我："妈，每次我发现碗里肉比较多的时候，就赶紧坐在'食肉大王'旁边。""那你为什么总把肉给他呢？"我问。"因为他知道我爱吃西红柿炒鸡蛋中的鸡蛋，食堂一有这个菜他就给我。"他答。"你们吃饭小动作还挺多的。"我打趣道。"是啊,我们的大事基本上是在吃饭时定下来的。比如这个星期天到谁家玩,打算网购什么玩具等。"儿子高兴地说。

学校还开设了很多社团,去年他选择了朗诵社团,今年选择了羽毛球社团,这些他都没有征求过我们的意见,好像爸爸妈妈是背景墙。我问他选择的原因,他挑着眉毛说:"我们几个好朋友商量的呀!"这个时刻,我是多么嫉妒又多么感激他的好朋友啊!

这次学校举办运动会,他说要参加乒乓球比赛,我问他班里有几个人参加,他说:"有三个人报名,老师说让我们自己比赛决定谁参加。"我生怕他放弃和同学竞争,他斜睨了我一眼说:"爸爸可以陪我练练球,老师说了公平竞争,有本事就上。如果输了没出线,下次还有机会。"我终于等到了他代表班级比赛的消息。那个周末,他还自己主动去乒乓球俱乐部练球。

后来,我在班级群看到他获奖后和校长的合影,也知道他笑得灿烂的原因——公平竞争的愉悦感以及耕耘后收获的踏实感。

一所学校能给我儿子带来自在、公平、竞争、喜悦,我还渴求什么呢?

给焦灼的妈妈的一封信

梅子，作为妈妈，我完全理解你现在焦灼的内心。

你说：孩子太调皮了，怎么说让他注意安全都不听。不让他骑自行车，他偏骑，结果把膝盖摔得流血，大年初三就住进了医院。花钱受罪不说，还得跟亲朋好友一遍又一遍地解释。

梅子，我知道你是一个好妈妈，总是细心地呵护着孩子。你在孩子一个月的时候就反复在我们面前唠叨：一定要好好看护好孩子，不让他身上留一点儿疤痕。你有这份心，这份执着，自然要比一般的妈妈吃更多的苦。

梅子，很多家长和老师毕生的事业就是不让学生犯错，就像你不让孩子摔破皮一样。殊不知，孩子去摔跤、去犯错，他们才会真正成长啊！

我讲一个故事：有个渔人有着一流的捕鱼技术，被渔民们尊称为"渔王"。然而"渔王"年老的时候非常苦恼，因为他三个儿子的捕鱼技术都很平庸。于是，他经常向人诉说心中的苦恼："我真不明白我的儿子们为什么这么差。我从他们懂事起就传授捕鱼技术给他们，告诉他们怎样织网最容易捕捉到鱼，怎样划船最不会惊动鱼，怎样下网最容易请鱼入瓮。他们长大了，我又教他们怎样识潮汐，辨鱼汛——凡是我长年累月辛辛苦苦总结出来的经验，我都毫无保留地传授给他们，可他们的捕鱼技术竟然赶不上技术比我差的渔民的儿子！"一位路人听了他的话后说："你一直手把手地教他们吗？他们一直跟随着你吗？"渔王说："是的，为了让他们少走弯路，我一直让他们跟着我学。"路人又说："这样说来，你的错误就很明显了。你只传授给了他们技术，却没传给他们教训，没有教训与没有经验一样，都不能使人成大器。"

梅子，有句话这样说：为什么我懂得那么多大道理，还过不好这一生？理由很简单，这些大道理不是你自己犯错总结出来的，而是别人灌输给你的。

为什么游戏对孩子的诱惑力那么大？为什么打麻将的大人可以夜以继日地

坐在那里？因为这两样娱乐项目都有一个共同的特征：可以清零重来，然后把经验用上，尽量回避以前犯过的错。

梅子，说到这儿你应该明白，让孩子少摔倒就得允许他摔倒，让一个人少犯错就得允许他犯错。况且，在我们可控的范围内，孩子摔跤摔得不重，犯错没有违法犯罪，就是教育良机啊！

你说你儿子过年不该上医院，大概是怕不吉利吧？可反过来想想，他在假期摔倒，不耽误学业，不耽误你上班，总比他上学你上班时摔倒麻烦少，对不对？你不让孩子骑车他就不骑？除非孩子是没有思想的木偶。我邻居七岁的孩子过年放小炮，邻居就不管。她说："好小的炮，没大的危险。况且童年说没就没了，让孩子留点儿念想。"这个孩子在除夕夜和伙伴一起放火炮，伙伴不小心把他的头发烧焦了。邻居问他谁弄的，他就是不说。邻居反而特别高兴，觉得儿子讲义气，而且断定儿子玩火炮再也不会被伤到了。果然，那个七岁的孩子不仅有许多新朋友，还学会了注意安全。

梅子，也许我们是被很多的个案吓怕了，忘了树苗必须经历风吹雨打才能长大，忘了稻禾要顺应四季轮回的规律。

所以，我们不苛求自己成为完美的妈妈，先尽量做到孩子摔倒犯错后对自己说一句：真好，他以后犯错的机会又少了一次。

梅子，我知道难度很大，就先试着假期这几天做到吧！

晚安！温馨提醒焦灼的妈妈：即使你焦虑得睡不着，也不能让儿子的伤口早愈合一秒。

孩子不愿回老家过年

一场突如其来的雪刚刚开始融化，远处的山望去还是白茫茫的一片。阳光和心情都很好，我约从外地回老家的一个同学，驱车十公里，选定一个生着火炉的农家小院喝茶聊天。聊得正气色活络，她的电话响了。接电话的她起身走出门。五分钟后她回来了，脸色特别难看，看着我问："现在我就有个难题，大孩子不愿回老家过年，以前的计划全打乱了。她不回来我就必须回开封，年货什么的都得重新弄。最难过的是家里的老人，他们眼睛都望大了，红包也准备好了。几只鸡一直养着不舍得吃，就等孩子回家现杀现炖。我都不敢想过年那天早上他们有多失望。"

我示意她说下去，她接着诉苦："现在的孩子真是说不得，说变就变，想一出是一出，哪里考虑别人的感受，更别说算经济账了。唉，早知道这样，就不该听老人的话生三个孩子。"我不停点头："作为妈妈和老师，我特别理解你。你现在是不是特别难受和无助啊？"她点点头，眼眶都红了。

我笑出声："也许没你想的这么严重。先说说这孩子不回家的理由是什么吧。"她似乎高兴起来："她要在家努力学习，觉得路上跑来跑去耽误时间多。"我赶紧夸："你挺会教育孩子的啊！这可是个爱学习的好孩子。"她眉眼飞起来地说："那是，我大女儿的成绩在班级排前几名呢。"

我由衷赞叹："好厉害！她珍惜时间好好学习，你应该支持她，表扬她。既然她不回来已经是你不能改变的，那么有没有另外一个方案，比如让她留在开封，其余的家人回老家？"她皱了一下眉头："她一个人在家我不放心，她爸也不放心。"

我慢悠悠地提醒："她已经十六岁了，一个人在家两天应该没有问题。况且可以让她去她喜欢的亲戚家里，比如姑姑家啊，舅舅家啊……"她眼睛一亮："她小姑就在开封呀！但我得问问她……"

我拍拍手拿起茶壶："现在可以慢慢喝茶了。其实刚才我在教你怎样做情绪的主人。那就是不能左右的事别钻牛角尖，要学会链接和置换。"她也笑起来："佩服佩服！不愧是教书的先生。那么，先生，你再说说代沟这东西咋整吧。"

我故意挺直腰板装成教书先生的样子说："为什么有代沟？有项研究说人对他人的信任感，是三十岁之前形成的。三十岁之后，就不太容易改变了。比如，一个人小时候生活在一个骗子横行的地方，长大后即使搬到一个文明程度更高的地方也没用，他还是会对社会充满怀疑。这个研究对咱们理解代沟现象有帮助。年轻人和父母的矛盾，表面上是结不结婚、生不生娃这一类具体的问题，深层来看，还是与对社会的信任程度有关系。比如，老人家不舍得扔东西，是因为担心从前吃不饱的日子会重来。说到底，还是他们对社会发展的信任程度不够。过去几十年，中国市场经济不断发展，而市场经济对人的要求，就是你得信任他人，否则交易成本就会高。这就把中国人分成了信任感完全不一样的几代人。所以啊，解决代沟问题，靠的是彼此体谅。"她眨巴眨巴眼睛，然后似有所悟地说："仔细想想，真是这个理！几代人阅历不同，认知不同，没代沟才不正常了。"

我接着说："重复刚才最后的一句话——解决代沟问题，靠的是彼此体谅。我是大人，我总是带头体谅孩子们，然后他们就照样学样体谅我。还有，我很真诚，从来不隐藏和掩饰我的无知无能。而且，我经常直接说出我的感受，比如难过、无助、沮丧等。于是，这些可爱的孩子们就想张开翅膀来保护我。"

看着我的自我陶醉，同学投来了羡慕的眼神。饭局结束，我们各回各家。

夜晚十点过五分，她发来信息：大孩儿去姑姑家过年，其余三人明天准时回老家！

非走不可的弯路

方妈妈，你给我发的文字和语音我都收到了。谢谢你如此信任我。虽然我俩因为孩子才相识，但在这半年的交往中，我被你的坦率、真诚、热心以及对孩子的爱打动了。

现在才回复你，是因为我今天带着六岁的儿子回娘家了。有段去娘家的路在挖土施工，我们熟悉的水泥路被泥沙掩埋不见了。这两天的雨水泡透了路面，来来往往的车辆碾压出一道又一道不规则的泥坎和一个又一个不知深浅的泥坑。车开不过去的地方，我们只得步行。我叮嘱儿子不要踩水也不要踩泥，可他哪里肯听半句。我不想弄得大家心情不好，就自顾自地在前面走。后来他追上了我，我发现他早上换的干净的鞋子、裤子果然沾满了泥浆。

孩子爸说："不听老人言，吃亏在眼前。今天你穿着这湿鞋泥裤见舅舅、舅妈，害臊不害臊？"我盯着儿子红润且微微出汗的脸，突然想起张爱玲《非走不可的弯路》这篇文章，原文是这样写的：

在青春的路口，曾经有那么一条小路若隐若现，召唤着我。母亲拦着我："那条路走不得。"

我不信。

"我就是从那条路走过来的，你还有什么不信？"

"既然你能从那条路走过来，我为什么不能？"

"我不想让你走弯路。"

"但是我喜欢，而且我不怕。"

母亲心疼地看我好久，然后叹口气："好吧，你这个倔强的孩子，那条路很难走，一路小心。"

上路后，我发现母亲的确没有骗我，那的确是条弯路。我碰壁，摔跟头，有时碰得头破血流。但我不停地走，终于走过来了。

坐下来喘息的时候，我看到了一个朋友，自然很年轻，正站在我当年的路口，我忍不住喊："那条路走不得。"

她不信。

"我母亲就是从那条路走过来的，我也是。"

"既然你们都可以走过来，我为什么不能?"

"我不想让你走同样的弯路。"

"但是我喜欢。"

我看了看她，看了看自己，然后笑了："一路小心。"

我很感激她，她让我发现了自己不再年轻，已经开始扮演"过来人"的角色，同时患有"过来人"常患的"拦路癖"。

在人生的路上，有一条路每个人都非走不可，那就是年轻时的弯路。不摔跟头，不碰壁，不碰个头破血流，怎能炼出钢筋铁骨，怎么才能长大呢?

方妈妈，发现了吗?我们做父母的，总怕孩子走弯路，所以不停地叮嘱他们，用"过来人"的经验警告他们，不要这样不要那样。结果呢，他们根本不听，声称"我喜欢"，非得去试试不可。

其实，我们自己在成长的过程中何尝不是这样呢?"跟父母对着干"似乎成了年轻人的标志。作为一名教育工作者，明明知道成长应该是一个不断体验、不断试错的过程，却忍不住对孩子指指点点，忍不住以"过来人"的角色阻止他们"试错"。所以，我理解你作为一个母亲的焦虑，可我也理解你女儿的"不听话，非要这么干"。

方妈妈，我们做母亲的应该明白，"过来人"的"拦路癖"无非是想让后来人少犯错误，少走弯路。可成长不会因为长者的经历，而改变后来人的成长轨迹，没有这一过程，就没有真正的成长。所以，明智的长者会在叮咛之余，微笑着关注这一过程的变化。

到了舅舅、舅妈家，舅妈找出儿子的表哥小时候的裤子、鞋袜替儿子换上。返程的路上，同样要走一里的泥路。这一次，儿子的鞋子和裤子都是干净的。方妈妈，相信不久后，你也能看到一个鞋子和裤子都干净的女儿。

妈妈和手机

我坐在书房看茅盾文学奖作品《千里江山图》，看到读不准音的字，就在手机上查它的读音，然后标注在书上。

阿姨走过来看了又看，感慨道："手机还有这用处啊？我的手机就是接打电话，然后刷短视频。"正在做作业的儿子扬扬头、甩甩笔，说道："我们不会的问题都可以问手机，它马上就能回答你，还会说'感谢你的问题'。"

我听出儿子话中有话，微笑着问："为什么不问妈妈？难道是因为你问完问题，妈妈没说'感谢你的问题'？"儿子翻个白眼，说："不仅不说'感谢你的问题'，还会说'这么简单你还不会''把题多读几遍''上课要听讲''好好思考再问别人'……哼！"

我语气有点急了："还不是希望你学习好，不爱听？"儿子摆摆手："你看，你看，我说一次你就急，你说我多少次我都没急呢，我不跟你说了。"

我马上意识到自己的语气也有问题，忙说："对不起，以后我跟手机一样，可以不？"儿子笑了："也不能跟手机一样。我跟你说话，有时候，你会笑，有时候呢，你还会抱我。这方面手机做不到。"

我恍然大悟：原来，可以互动的教育才是最高效、最长效、最有魅力的教育。

名利之争

四个孩子住在同一个院子里，虽在不同学校不同年级上学，但丝毫不影响他们的友谊，彼此亲昵得很。

一得空，四个人便吆喝着在院子里跑来跑去，不觉得烦，也没喊累。他们周末或放假一天至少见三遍，几家家长只得建个小群，以便找孩子。

放假前，四个孩子领完通知书回来，二话不说就凑在一起。他们先在室外打球，接着跑到楼道大厅里坐着玩耍，吵得下午要上班的一楼屋主无法午睡，又不好意思往外撵，可这四个活蹦乱跳的孩子实在太兴奋了。屋主想找个孩子谈谈，便随口说："老大出来。"

其中一个抬头说："我是老大。"屋主说："噢，那么其他的就是老二、老三、老四了。"另外三个发现情况有变化，便停止游戏，其中一个质疑道："凭什么你是老大？""老大"说："按年龄我就是。""质疑者"嗤之以鼻说："我们不是一家人，不能按年龄。"

"老大"说："不按年龄可以，那就看谁的奖状多。""质疑者"马上如泄气的皮球，低头拨弄手上的玩具。此时，个子最高的说话了："你有几张奖状？幼儿园的不算。""老大"得意扬扬地高声说："二十三张。"个子最小的挑起眉毛，右手指着"老大"说："我信你个鬼。你读五年级，一年四张也就二十张。"其余两个连忙应和："就是，就是，吹牛也不带打草稿的。""老大"底气十足地说："不信明天到我家数，不够二十三张，我管你叫老大。"三个孩子几乎同时从地上弹跳起来，开门就往外走。"质疑者"说："没那闲工夫。"另外两个把头扭过来，一起说："没那闲工夫。"

这个故事告诉我们：再好的关系也怕有名利之争。班级管理或学科考核时，如果教师过于重视排名，表面看激发了学生的斗志，但其实破坏了学生之间的友谊。

师生对话：为什么只有妈妈有更年期

生：老师，你安慰安慰我，昨天我妈妈又骂我了。

师：体谅一下，妈妈可能在更年期。

生：爸爸跟妈妈一样大，我也是爸爸的亲儿子呀，他咋就不在更年期呢？

师：语文老师不能像医生一样专业地回答你的问题。我们擅长打个比方，设置个情景什么的。昨天，我在儿子班级群里被老师提醒了，一看，原来是儿子的语文作业没做完。老师为什么不提醒爸爸？因为爸爸根本不在群里。我当然邀请了爸爸，而且邀请了好多次，可人家就是不进去。这就是妈妈的短板了——没有爸爸潇洒。不潇洒的妈妈没有更年期，难道让潇洒的爸爸经历更年期吗？

生：是的，是的。从小到大，老师在群里发信息都是我妈转达的，我爸就装作看不见。

师：妈妈把你们生下来，她会觉得是自己把你们带到这个世界的。她最怕的就是你们过得不好。怎样才能保证你们过得好呢？她们除了自己努力，就是想办法让你们变得有本事。

生：是的，我爸爸经常在外面吃饭不带我，而妈妈到哪里吃饭都带着我。我有时候不去，她还生气。

师：你看，妈妈这么爱管你，说明她在乎你。

生：老师，我爸爸也管我，我家的钱主要是爸爸挣的。

师：妈妈挣钱吗？

生：挣钱，但没我爸挣的钱多。

师：我常常接到妈妈们的电话，让我转告学生中午或者夜晚到什么地方吃饭，因为自己加班不能及时回家。这说明妈妈在挣钱的同时还得顾着孩子的吃喝拉撒睡，当然还有孩子的人身安全。

　　生：是啊，我妈找工作的时候，就找那种能准时回来给我做饭的工作，她说钱多点少点无所谓。

　　师：你们不知道，很多妈妈会因为忙于工作而没照顾好孩子内疚。就拿我来说吧，我出差几天没跟儿子见面，就会觉得自己不称职。

　　生：我爸经常出去一个月也没见他内疚，回来就说自己又挣了多少钱，还说男人就应该一心一意挣大钱。

　　师：妈妈们既工作又管家，还得照顾孩子，她们有更年期很容易理解吧？

　　生：好吧，妈妈真是太难了……老师，你和我妈年龄差不多，你也有更年期吗？我怎么看不出来？

　　师：不知道，反正我老公天天叫我神经病。

　　生：……

做一只耳朵聋的青蛙

按照惯例，课前五分钟是每天一人的发言时间。今天发言的女生言语不多，她分享了一个故事。

有一群青蛙组织了一场比赛，目标是登上一座很高的塔。旁观者都不相信那些青蛙，他们议论纷纷，摇着头，摆着手说："这太难了，它们永远无法到达。它们根本没机会成功，塔太高了。"听了这些话，其他青蛙开始一个接一个地掉下来。还有很多青蛙累了，放弃了。但有一只青蛙却越爬越高，从未停下勇往直前的脚步，经过一番努力，它终于到达了目的地。

故事讲到这里，我让她停一下，然后问学生："为什么只有这只青蛙能到达目的地？"学生的答案有很多：坚持、执着、恒心、有毅力。有个同学高高举起手说："那只青蛙是聋子。"同学们都嘲笑他，他却镇定自若地说："我看过这个故事。"分享的女生笑着说他说对了。在大家发言的基础上，我总结了这个故事的含义：在追求某一个目标时，不要过于在意别人的判断。

翻看学生的心语本，我看到分享青蛙故事的女生这样写：数学试卷发下来了，我一看91分，挺开心的，因为我进步了，可我知道给妈妈看，她肯定会骂我。果然，我回家把试卷拿给妈妈看，她果然很生气，并断言我考不上大学。我心里特别难受。还好有个算命的说我将来能上个好大学，我才有些信心，于是我决定好好学习。可现在我的成绩时好时坏，我是应该相信妈妈的话还是算命先生的话呢？老师，我应该怎样对待别人的判断呢？

我感觉心紧了：可怜的孩子，她的心被煎熬了多少次啊。最后，她只好把自己变成这只聋了的青蛙，勇敢地站在讲台上，慷慨地把故事分享给同学们。

我放下本子走到她面前，贴着她的耳朵说："是不是很想做一只耳朵聋的青蛙？"她微笑着点点头，有点儿害羞。

我盯着她说："记着，如果有人当面说你长大没出息，你就装没听见，继续保持你的修养和努力，不去争辩，做一只耳朵聋的青蛙。"

她笑了起来，还伸出手握个拳头。

一整天，我留心看她：她情绪稳定，甚至和同学一起吃饭时，还讲了一个笑话。

每次开家长会时，我都会和家长交流育儿的方法，少说些成功的示范，多探讨些存在的问题。比如我们服膺一套教育方法，往往是因为这套方法教出了一个"成功"的人。坦白说，这样的想法其实很空洞，它不仅忽略了个人的特质，也忘了把个人所处的环境纳入考量。

我们要明白：一样的教育方法，可能打造出一个世俗眼中的成功模范，也可能消磨一个人的天赋。古语"一娘生九子，十人十个样"就是这个道理。

教育者的通病是不喜欢听失败的例子，只想听教育的神话。世事百态，人生无常，一个人的命运是由多个因素构成的，每分每秒都有大概率事件和小概率意外。我们这些渺小的人岂能预测和掌控命运？面对正在生长的生命，我们要保持欣赏和呵护的姿态，这是一个成年人应该有的健康心态。

与学生

丝路新月

"涵"式温暖

小涵是开学两天后被换到我班的,她瘦瘦弱弱的,言语不多,入班成绩在班级排第八名,我对她的期望是她能排在班级前五名。

可是小涵不停地打破我给她设的底线:一次次数学测试不及格。如果是个男孩子,我可能早就对他怒目而视了。可是小涵文静瘦弱,你说什么她都不吭声,我自然不好多加责怪。

所以我只好哄了又哄,哄完再哄,有时候还和她谈谈心。最开始她似乎没什么反应,直到有一次她数学过了80分,在班里算高分,竟然拿着卷子到我身边傻笑。我才知道小涵一直在用力爬呀,爬呀。我紧紧抱着她,她也激动得差点儿流泪,双眼不停地眨巴。

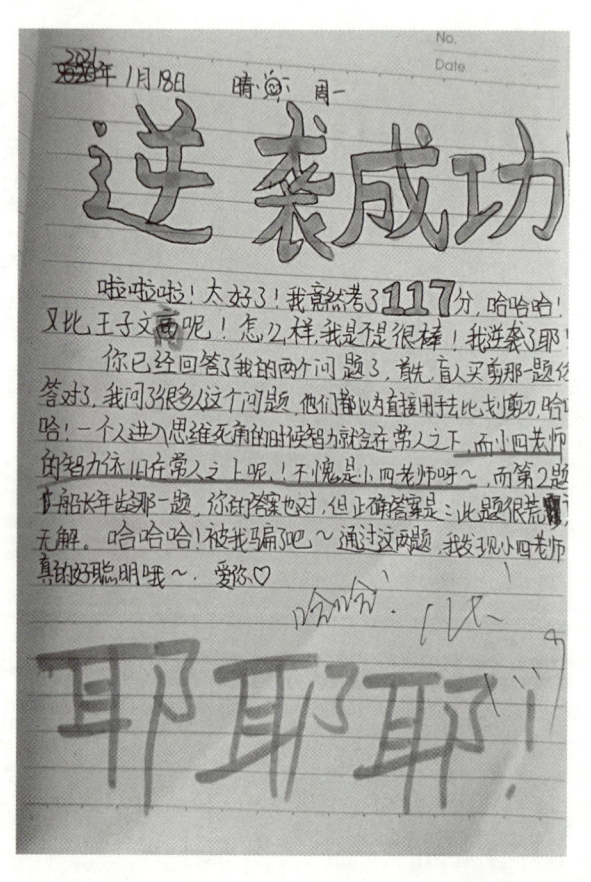

从此以后，小涵的数学成绩渐次提高。

班级心语本开通以后，她每天能量爆棚。丰富的情感世界通过文字和图画呈现在我眼前，给我一个完全不一样的小涵。

她有时候会在心语本上跟我互动，给我提个问题或者说个小秘密。虽然她不像其他同学那样天天说爱我，但也常常让我笑出声来。她平时不怎么爱表达，谁能想到她这样古灵精怪呢？

上周四我忘了批改心语本，好几个同学跑到我面前嘟着嘴表示不开心。我赶紧道歉表示真的忘了，并且保证以后不会这样。

周一翻开心语本，小涵竟然出题考我。我在百忙中也不敢乱写，但特别诚实守信，没有百度答案。

这"涵"式温暖驱散了我满身的疲惫，我忍不住问自己，这世界上还有比我更幸福的老师吗？

班长哭了

早读时，同学们在读书，我在拖地。我中间看了两次手机：陈同学没来，请假了；班长没来，没动静。我决定等到7点再打电话。6点52分，一个人直扑到低头拖地的我面前，喘着粗气，哈腰道歉："对不起！老师！我迟到了！"我一看是班长，就示意他回座位。

拖完地，我看班长低头翻书，还有余鑫也低着头不知道在干什么。于是，我瞪着他们说："读书。"余鑫指着班长说："老师，他的小册子不见了。"班长看着余鑫，一副欲言又止的样子。我发现不妙，赶紧让余鑫去复印几份，又转身安慰班长，但是他已经哭出来了……

我拍拍他的背，告诉他余鑫是想帮他，没有恶意。但班长的眼泪也倔强，流出来不愿轻易打住。班长的好人缘加眼泪使他身边聚集了五六个人，他们变着花样地安慰他，在他面前转圈圈。

我想，就让泪水"浇灌"一下班长吧。

上午第二节课，值日生在总结发言。班长呢，左手叉开铺在桌子上，右手拿着铅笔在指头间捣来捣去。我收了他的笔，过一会儿再看，他竟然拿着圆规捣来捣去……我笑着拿下圆规，他终于忍不住笑了起来。

谁懂班长的委屈呢？昨天的足球赛，班长满以为有戏。结果几个人在寒风中跑得脸红扑扑的，头发如水洗一般，可一个球也没进。我呢，不仅安慰他们，还允许他们不做语文作业。估计这几个娃夜晚又难过了半宿，尤其是视班级荣誉为生命的班长。

班长一夜辗转难眠自然没睡好，早上迟到了本来就愧疚自责，还弄丢了小册子，余鑫又非得让班主任和全班同学都知道。

是啊，班长，老师理解你，但生活哪有那么多甜枣呢？我们一生都努力在苦中找到乐。老师想说，只有厚着脸皮前行，执着不放弃的人才是真英雄呢！

你是一班之长，可能比其他人承担得更多，但唯有如此，你才会成长。人们常说生活不相信眼泪，不是说生活没有眼泪，而是眼泪不能让生活变得柔软。

不知道为什么，老师认为今天流泪的你，明天会更勇敢，也会更美好。

退货

开学一个月,填表、回信息把人弄得神经兮兮的,总觉得自己忘了什么任务。这边学校通知赶紧再次提交二十六名学生来源的表格,我就慌忙找历史提交记录。竟然全过期了!我心里噌噌直冒烟,但还是耐着性子一个一个地重新登记。

我让二十六名学生一个一个地按号举手,免得重复或被落掉。可二十六号黄同学频繁举手,好像担心我把他忘了。

我在登记第二十号的时候,沉着脸逗他:"你从哪里来的?我想退货。"他连声说:"退不掉,退不掉!不能退!"周围的同学都笑起来了。在登记第二十五号的时候,我故意一本正经地对他说:"我真的想退货。能退不?"他又连说几遍:"不能,真不能,真不能。"我憋不住,大笑起来。

这孩子进班的第一件轰动事就是不要所有的辅助作业资料,他爸爸让姐姐买给他,他也不要,还赤裸裸地说:"不要资料多好啊,不用写作业。"

我从教几十年第一次遇到这样的活宝,思来想去决定静静观察他。谁知道他见我和蔼"可欺",经常接我话头,有时候还挤到我面前傻笑。这孩子不爱写作业,倒是热爱劳动。因为我班挨着男生厕所,所以我弄了一教室的绿色植物,还在厕所和教室放了五六个香盒,可班里还是有异味。好几次中午他主动冲洗便池,认真至极,鞋子也进了水。班长说他真是"牺牲自己,也要给我们赶走臭味,留下芬芳"。

我也心疼他,常常把早餐中的水煮蛋留下来,让他把鸡蛋都吃下去补充营养。

师徒就这样一天天熟络起来,偶尔还会说笑几句。今天这"退货"一说,没有长久的感情铺垫,就是严重侮辱学生的事件,有了这些感情基础,反倒成了良好关系的催化剂。

那天在食堂吃饭，我照样走入学生餐饮区域，看着戴同学的发型有点奇怪，便走过去打趣："发型好奇特啊，削发明志吗？"他摇头。我又说："那是为了什么？"他不知道说什么好，估计怕我站他身边久了，吸引旁边一堆人的目光，急着说："你走啊！""我不走。""你走啊！"他边说边挪了一个位置。看着他害羞的样子，我差点笑岔气儿。

初见这位戴同学，他似乎连笑都不会。我龇牙咧嘴地教了他一周左右，他总算学会了"皮笑肉不笑"的"戴式微笑"。当然，我还收获了他对我的好感和信任。今天这几句"你走啊"，没感情基础就是嫌弃和愤怒，有感情基础就是亲昵和撒娇。

我好几次和一些班主任交流，讨论班级管理的方法，总结了一句话：师生有感情，什么方法都是对的，师生没感情，什么方法都是错的。

我想，就让我们这样继续"相爱相杀"地互相陪伴吧，因为"退不了货"呀！

迷途的放大镜

翻书找物，我找到了一个简易版放大镜。小儿子拿着它的正反两面，对着家里的各种摆设照来照去。他惊讶于它们的不同影像，而我的思绪不由得被扯到八年前的某天……

那时候，我们初三的老师和学生都忙得脚不沾地：今天体育训练，明天理化生模拟考试，后天全市大考……我感觉四周的空气随时随地都可能会燃烧起来——大家太拼了！

这天，带学生做的实验任务顺利完成，我刚舒了口气，打算安排学生回家。余老师急匆匆地向我走来，告诉我放大镜丢了四个，应该是我班学生拿的。我笑说这是不可能的，因为我班三年来连根笔也没丢。他也说因为是我班学生做实验，所以学生走时他根本没清点。我说："没事，下午就还回来了，没准儿孩子们好奇拿着研究呢！"余老师放心地走了。我马上走进班，让学生下午把放大镜拿到我办公室，并告诉他们对面两元店多的是放大镜，不能拿学校实验室的玩。

下午，我吃完饭打开办公室门，看到地上有两个放大镜。我的无名之火顿时燃起，几步就跨进教室。幸好学生没来齐，我得以缓口气。但学生们已嗅出火药味，安静而又惊恐，胆大包天的几个学生只敢偷瞄我一眼。

人齐了，我强压怒火，说放大镜还差两个，我们班就等着丢人现眼吧，下午全校都会知道，因为放大镜是给所有学生用的……同学们也惊诧不已，有人建议搜桌子，我否决；又有人建议匿名举报，我又否决……我一想到这个失窃事件可能会成为学生们一生的回忆，就恨不得凭空变出两个放大镜来……

这时，阮阳阳站了起来，这是个阳光的女孩儿，她眼里的世界总是那么清澈，她总能用自己的光亮带给别人温暖。我让她发言，她说："老师，我们做个游戏好吗？"我点头。她继续说："把几件衣服堆在讲桌上，每个人都用衣服遮住自己的手，装成藏有东西的样子，然后从讲台走过，每个人都把手伸进衣服里，装作放东西的样子。这个过程，其余的人都闭上眼睛。"

我心想这个方法太有童话色彩了，但病急乱投医，竟照做了。我让所有人脱下外套，并让他们用外套遮掩一只手，在抽屉里"拿"东西。确定他们准备好后，我让他们按学号顺序走过讲台，但不得发出任何声响……

当所有人走过一遍后，我上去拿开衣服，眼前赫然出现两个放大镜！全班欢呼，几个女生竟然哭出声来，其中就有阮阳阳！我也红了眼，马上吩咐物理科代表把四个放大镜送还余老师，就说班里的学生放在班主任办公室了……

后来，有学生要悄悄告诉我他在谁的后面摸到了放大镜，我坚决拒绝听，并告诉他不要对第二个人说。于是，这件事如那届毕业生一样，被时间带走了……

我常常想到阳光开朗的阮阳阳，她现在在学医。在多年前，她就医好了我的急躁和同学的冒失，确实有医术仁心。我也会想到那两个迷途的孩子，他们又何其幸运！其实只要我们教育者慢一点儿，静一点儿，忍一点儿，也许就会看到孩子们成长中的困惑云散雾走，景致洞开！

那年的 12 月 13 日

12月12日，我没有忙着购物，而是悄悄把"12·13"植入脑海……准备了两首诗，还有一箩筐的话。

13日早上，我把人民日报和河南教师公众号发的两篇文章收藏了起来。

我决定提前进班，一进班便看到两个男生拉扯着张羽。有个男生看见我，马上对我说张羽和关飞要打架。

关飞看我进来了，已经回到座位的他走过来说自己不是针对张羽的。张羽在关飞开口时给了他一拳，并还要继续，但被两位同学拉住了，随后他又用脚在空中乱踢。关飞气不过，还击了一下。

这下把张羽气得爆发。我示意关飞回座位，让张羽算了。关飞听了表示愿意，可张羽不愿意，还吼道："我就不。"说着张羽冲到了关飞的座位边。以我对他们的了解，此刻干预只能火上浇油。于是我让那两位同学回座位，让其他同学安静下来听听他们的争辩，而我站到了讲台上。

结果，两个似乎有一车话要吵的人，竟然什么也说不出来了。

一分钟后，张羽回到自己的座位。他身上的每个细胞似乎都在燃烧，可关飞的克制、同学们的观望，还有我的冷静，都是湿木柴，让他的火无法蔓延。

张羽只得用左手狠狠地敲打桌子，同桌去阻止，他捶得更厉害了。我说："让他发泄出来吧，他够委屈的了。"这句话终于使张羽大声哭了出来，但他伤害自己的行为暂停了。

等他停止了哭声，我在黑板上写下了"12月13日"。我问学生今天是什么日子，没人回答。于是我写下"国家公祭日"。有一两个学生说出了"南京大屠杀"。马上有学生说："老师，今天是曹倍的生日。"

于是，教室里有了很大的笑声。

我的心像被十二月的风抽打了一下，历史是容易被忘记的。我还记得我是老师，我对自己说，面对此情此景，作为老师的我一定要做点儿什么。

我先祝曹倍生日快乐，再说张羽和关飞的事。

"我先声明，我看到的不一定是事实，我说的不一定是真理。只是想引发大家的思考。"

"张关有矛盾起了冲突，有两名同学挺身而出，这是对他们的爱护，要懂得感恩。其余的男同学可以想想你为什么没有上去阻止。"

"张羽和关飞对打，以我的观察，排除自伤的部分，关飞吃了亏，还一直退让。大家思考：关飞是软弱无能吗？"

"张羽同学看起来没吃亏，可他为什么这么委屈呢？"

"张羽，我多次告诉你，你一定要记住自己和别人没什么不同，是一样的。你明明没有吃亏却觉得委屈，这就是弱者心态。"

"就像一般的女人和老公吵架，明明整个过程是女人在骂老公，但哭诉申冤的往往是女人。女人在潜意识里没有把自己放在和男人一样的位置，认为自己是弱者。弱者往往用最激烈的反应证明自己是委屈的，但委屈不能疗伤。"

"最后说说公祭日吧。今天是南京大屠杀死难者国家公祭日。你们不能只记得大屠杀发生在1937年的南京，不能麻木到认为三十万只是一个数字。要知道，它是三十万个曾经和你们一样鲜活的生命，他们都是你们的同胞。"

"老师准备了两首诗，打算读给你们听，请你们想一想应该记住什么。"

1. 没有谁是一座孤岛

约翰·多恩

没有谁是一座孤岛，
在大海里独踞；
每个人都像一块小小的泥土，
连接成整个陆地。
如果有一块泥土被海水冲刷，

欧洲就会失去一角，

这如同一座山岬，

也如同一座庄园，

无论是你的还是你朋友的。

无论谁死了，

都是我的一部分在死去，

因为我包含在人类这个概念里。

因此，

不要问丧钟为谁而鸣，

丧钟为你而鸣。

2. 南京大屠杀

朱剑

墙上

密密麻麻写满

成千上万

死难者的名字

我看了一眼

只看了一眼

就决定离开

头也不回地离开

因为我看到了

一位朋友的名字

当然我知道

只是重名

几乎可以确定

只要再看第二眼

我就会看见

自己的名字

"老师建议你们去看电影《无问西东》，看看真正有血性的男儿应该有怎样的家国情怀。里面有一句我最爱的台词：'这个时代缺的不是完美的人，缺的是从心底里给出的真心、正义、无畏和同情。'"

我说完，才发现班里是那么安静……

于是我走到张羽那里替他擦伤口，然后到关飞处听他悄悄说委屈，并建议他主动和解……

下课了，我看到关飞走向张羽的桌旁……

教育不是万能的，但没有教育是万万不能的。

假如生活欺骗了你

你说:"老师,假如生活欺骗了你,你怎么办?"我看着你,感觉你有心思,于是先笑了起来:"生活经常欺骗我,它不玩'假如'。""哈哈……"你也笑了。我揽着你的肩膀,说:"知道苏轼不?我给你讲个二苏的故事。"

你欣喜地竖起耳朵,听我慢慢地讲。

苏轼与苏辙被贬谪到南方时,二人曾在梧州、藤州之间相遇。路边有个卖汤饼的人,于是兄弟二人买来吃,汤饼粗得难以下咽。苏辙放下筷子叹气,而这时苏轼已经快吃光了。他慢悠悠地对苏辙说:"九三郎,你还想细细咀嚼吗?"说完大笑着站起来。苏东坡最大的才华就是,当个人的命运被毫不留情地碾压时,他却能放下过去,享受当下,用诸多具体而微小的快乐化解那些巨大的悲伤。古语说得好:"心悦则物美,心悲则事哀。"如果心中没有快乐,即使走遍天涯海角,也永远找不到乐土。

你领悟力很好,马上说:"生活虐你千百遍,你待生活如初恋。"说完还做了一个鬼脸。我故意做哭样:"即使生活欺骗了我,我也得陪你们这些孩子不是?"

你笑得像成熟的高粱,直不起腰,满脸通红,但不忘抱我一下,还顺便背了普希金的诗:"相信吧,快乐的日子将会来临。"

我看着你蹦跳着回到座位上,另一种滋味涌上心头。其实,老师知道你最近不容易。

家庭大战,你诚惶诚恐,害怕失去眼前的幸福。学习上,本来只有数学有困难,现在又发现英语也有些吃力。还有以为固若金汤的友谊小船,也说翻就翻了……

但老师能做的毕竟有限,我不能去干涉你的家务事,不能替你去学习,不能逼着你们和好如初……所以,能让你幸福的只能是你自己。

大人的世界不容易，你们孩子的世界也不容易。比如，你们很难自我排解掉坏情绪。上次班里有个同学让我抱抱他，我当时急着找另外两个学生安排班级事务，只朝他摆了摆手。等我安排完转身时，竟看到了他的眼泪……

老师知道你很懂事，很少把自己的不快乐表现出来。所以，老师除了让你明白生活经常欺骗你，对你还有一个要求，就是希望你记住：会哭的孩子会得到更多的糖果。

什么意思呢？老师希望你像今天一样，可以找老师聊聊天，诉诉苦，也许你就能得到去掉苦味的糖果。不要担心没面子或麻烦别人，有句俗语说"送人玫瑰，手留余香"，别人在倾听你的诉说或帮助你时，也能尝到你给的糖果的香甜。

这不，今天老师就品尝到了你递过来的充满信任、亲昵与爱的糖果，不是吗？

今晚不减肥，吃糖

你回来了，你的老上司请你吃烤肉，邀我陪同。

我去的时候你们已经坐下来，点好了菜。你见到我，立刻站起来："老师，您坐。"然后把菜挪到我面前："老师，今天我们吃绿色健康营养餐。"我笑了："太好了！我正在减肥。"可当一片片肉开始在锅里被加热后，你总是先给我夹："明天再减肥，况且老师一点儿也不胖。"

我觉得走南闯北的你应该能喝点儿酒，于是提议少饮几杯。你的上司要当司机，不能喝。于是，不知道是你为了陪我，还是我为了陪你，我们师生竟然对饮起来。

喝点儿酒，你的话多了起来，你开始回忆我当你老师时的一些事：你家离学校好远，我却带着一群同学去你家家访；有一次你不舒服，我把你的衣服撩

起来摸你的肚子，说你的肚子鼓起来了；我还让你到食堂吃饭，说家太远了回去不方便……

你说的这些老师一件也不记得了，倒是记得你是班里年龄最小、成绩倒数第二的孩子。老师正奇怪你是怎么考上初中、高中然后上大学的。你说："我在三年级留了一级，后来成绩就上来了。"

你说："老师，你对我们的影响太大了，走到哪里我们都打听你。"我真心惭愧地说："我教你们的时候就是张白板，什么也不懂，完全靠直觉教书。现在想想就是在误人子弟。"

你说："不是啊，这么多年，我全凭你教的普通话走天下，没人说我的普通话里有方言的味道。"

你哪里知道，当时十八岁的我刚刚走出校门，本来一腔热血，结果被那个鸡笼式的学校困住，不知道怎样挥洒青春和激情，是几个热心善良的同事天天开导我，我才渐渐爱上了那里……我想，年轻时的"怀才不遇"一定会表现出来的，你们应该见过我最迷茫的面孔。

但你说："老师，你当时家访去了好多地方，有一次到郭庄，你还把高跟鞋的鞋跟弄掉了。"

不记得了！但我能想到在那个低工资的年代，一双高跟鞋对少女的意义。一定是我痛惜的表情，深深地刻在了那些六七岁孩子的眼眸里……

你说："老师，我们那个班出了好几个大学生，他们都过得很好。我也在山东安了家。那个时代能有个人告诉我们外面的世界很精彩，是我们的幸运呢。"

十八岁的我确信：一名老师完全可以帮助学生走出大山的。现在的我知道：一个人成功的因素实在太多了，老师的作用只是其中之一。

我们把你先送回家，我说："有缘再见。"你说："不对，不对，是绝对会再见，以后回来我主动联系你。"你在车后使劲儿挥手说再见，你的上司说："他一进门就把我挤到里面坐着，原来是打定主意买单啊。"听完这句话，小时候吃糖的甜蜜感迅速弥漫我全身。

你只是我许多的学生之一，如果不是上次去你公司主持联欢会，也许我们师生一辈子也不会遇见。我主张师生分别"相忘"，各自在自己的江湖遨游。但今晚觉得，有美好记忆的"相见"也挺好的，你说对吗？

谢谢你送我的糖。

开学寄语：又要在一起

孩子们，明天早上七点，我会在教室里等你们回来。

第一天，你们也许会恋床，但想着扶国涛班长和游浩博同学，你们也许一个鲤鱼打挺就起来了，这两人是我知道的假期中坚持跑步锻炼时间最长的同学。不管天气如何，我总能看到他们运动的身影。他们的坚持也让好多同学和家长加入锻炼的队伍里。

去年腊月二十，我见到了游同学，他竟然瘦了八斤。他爸爸妈妈都为他感到骄傲，老师也为他骄傲。扶班长说，坚持锻炼直接的效果就是上楼梯不气喘了。有他们跑在前面，我相信你们也能珍爱自己的身体。

亲爱的同学们，到了教室，你们应该拿起书本大声朗读了。一说到朗读，是不是就想起了熊奥同学？熊同学在上学期期末考试中取得了班级第一名、学校第十名的好成绩。但他在假期中一点儿也没有松懈，每天都是第一个完成背诵任务的。我们从他背书的态度、背书的速度、背书的次数、背书的专注程度就能看出熊同学以学习为乐，以背书为乐。

熊同学难道不是一个爱玩儿的人吗？但他学习的时候就能把一切放下，专注地去学习，这才是真正的自律。我相信小四班的同学会在早读中找到一个支点，既能获得知识，又能心情愉悦。

开学后，你们仍要完成七门学科的功课，但一点儿也不用慌乱。我多次跟你们说，你们做某事的时候，一定要专注当下，这样才能感受人生的乐趣。上语文课、数学课如此，上音乐课、美术课也要如此。有一次，你们上音乐课，我坐在后面改作业，听到跟唱声稀稀落落的，站起来一看，竟然有同学在写其他作业。

可是，同学们，我们都是普通人，做不到一心二用。况且，每门课的开设都有它的意义。我们要养成专注做某事的习惯，这样一生都会受用无穷。就拿扶班长来说吧，他打球，写演讲稿，统计分数，点名……他每天干的事不计其数。可是他抱怨了吗？他成绩不优秀吗？他体育、音乐、美术的成绩不好吗？他没交到朋友吗？

可见，亲爱的同学们，不管学习任务有多重，你只要专注地去做眼前的事，就有可能拥有想象不到的快乐。

同学们，新学期我们会遇到更多的挑战。有的同学怕数学成绩提不上来，有的同学担心做不出语文阅读题。但上学期，我们已经一起搭好了舞台，组建了团队，培训了一批骨干。最重要的是，大家成了相亲相爱的一家人。我们学会了有困难说出来一起解决，习惯了在他人需要温暖时送去拥抱，懂得了分享喜悦，这就叫荣辱与共。

去年的家长会是在唱生日快乐的歌声中结束的。提议唱生日歌的就是扶妈妈，她在儿子布置任务时得知那天是朱贝贝的生日，而贝贝的爸妈有事，留贝贝一人在家。亲爱的同学们，正是你们对同学的爱和善意，感染了家长，使他们愿意为你们的友谊添砖加瓦。

在一起就要团结协作，在一起就要变得更好，在一起就要风雨同舟，在一起就要互相取暖。新的学期，让我们在一起好好学习，天天向上，不负自己，不负时光，遇到更好的自己。

你对于班级的意义

三天前是你的生日,我们都不知道。但你把三天前的喜悦藏了满满一书包,然后在我的课堂上打开,告诉我:"老师,我请大家吃雪糕,还有你的。"

我终于明白你为什么一大早央求我上第一节课,可不知情的我却拒绝了——我说英语老师教两个班的课,很难换动。

因为我的"不知情",你带来的雪糕在二十度的教室里多熬了一个小时。有些愧疚的我忙不迭地帮你分雪糕,还带头吃了两个,一直说:"好吃,好吃,感谢你,感谢你这么有心。"你开心极了,还把自己的一个雪糕给了刚刚进门的同学。谁知我们吃完雪糕,你又从书包里拿出一大袋棒棒糖:"老师,还有这个,也有你的。"

我真的被深深触动了。刚认识你的时候,你连话都不愿说,远远躲着老师。最让我担心的是你劲儿大、个头大,容易冲动。比如,外班一个学生欺负我班一个学生,你跑上去就掐别人的脖子。我赶到时看到别人脖子上有明显的伤痕,身体也直发抖……

但我仍强作镇定地边给受伤的学生擦药边安慰他,然后做详细的调查和记录,又和你们几个当事人聊了两个小时。

后来,你慢慢走近老师,最显著的一个表现就是,你有一点儿表现得好的地方或者取得了一点儿进步,就立刻飞跑过来告诉我。

因为你身材高大又会打篮球,大家选你做体育委员。我利用学校开运动会的机会,成功地把你从一个沉浸在自己世界里的孩子,锻炼成热心助人、关心集体荣誉的人。我说过:这是那次运动会我最大的收获。

很多美好都是悄然而曲折地发生的。学期中间,我组织了一次家长和你们之间的篮球赛。因为周爸爸超强的组织能力和可贵的舐犊情怀,篮球比赛既显示了你们与成人的差距,又激励了你们拼搏的意志。因为这次比赛,整个寒假,你都坚持跑步和打篮球，还带动了一大批同学早起锻炼。

我特别希望你除了篮球打得好，学习成绩也能好起来。我发现你数学思维很好，就鼓励你先把数学这门课学好。有一次数学测试，你考了高分，我马上带你去附近的汉堡店任你挑选吃的。那一次，我发现，你其实是一个心思细腻的孩子，你怕我花钱，竟然连一个汉堡也不愿意点。

后来，你的数学考得好不再是奇闻，考得不好我们才会奇怪。某种意义上，你解除了自己成绩不好的魔咒。孩子，你知道这意味着什么吗？

你在用实际行动告诉其他人：不管成绩怎样，每个人都可以发挥自己的特长，拥有自己的快乐。自己付出努力，成绩是可以改变的。今天，你又用满袋甜蜜告诉我们：这世界是有爱的，你只要愿意寻找或付出，就能把一个人的快乐变成许多份快乐。

这就是，你对于班级的意义。

亲爱的菲姑娘

亲爱的菲姑娘，打开你的心语本，上面竟然有一张白色的小纸条。我细看，上面写的是：老师，我今天写的内容，你一定要给我保密。

在课间同学们的嬉闹中，我还是听见了自己的心跳。你写了什么，我今天不会写出来，但允许老师表达一下对你的喜欢，好吗？

在正式分班的那一天，我看到了好几个大眼睛双眼皮的小姑娘，心里乐开了花。

在按身高编号的时候，更是喜形于色——我发现几个个高的女生成绩都排在前面。而你就是眼大、个高、成绩好的女孩儿之一。在领任务的环节，你又让我刮目相看，你不仅领最辛苦的也最需要才华的任务，还迅速组成了一个小团队。

那天傍晚，教室里只剩下我们两个人，你站在桌子上认真办黑板报。老师给你拍照要发到家长群里，你羞涩得低头含笑，但手上的粉笔一点儿也没停下。

亲爱的菲，第一次，你是这样认真，以后的每次，你都是这样认真。让我拿什么赞美你呢？

你像一棵生机勃勃的广玉兰树，站在那里，生长、开花，将不经意的香气散发给每一个路过的人。

你在学习上最难翻越的山是数学，但你何曾退缩过？每次成绩出来，面对我探询的目光，你总是说："我会努力的。"即使假期在家，你也不忘告诉我你在攻克数学难题。我感叹：很少有你这样不自怨自艾的女孩儿。

亲爱的菲，还记得去年腊月，我们相约吃饭，我有事晚到。其他人都待在有暖气的房间，而你竟然在马路边站着张望，等了我一个多小时……看见我后忙不迭地跑过来。我心疼地问你冷不冷，你一直摇头说："不冷不冷，真的不冷。"

一想到这个画面，我就觉得是老天在可怜我没有女儿，把你送到了我的身边。

你不曾在我身边撒娇，不曾对我提过要求，不曾和我闹过小情绪……我记忆的抽屉里装的全是你汇报工作，完成工作，正在工作的模样……

此刻，我突然意识到自己对你不够好。是不是因为你太懂事，懂事得让我习惯把你当作搭档？但是，老师是真的喜欢你呀！好多同学也对你赞赏有加。也许老师并没有让你感受到热烈的爱，明早我会递给你代表歉意和爱意的糖果，请你一定要开心地收下。亲爱的菲，学会独立，学会勇敢，最重要的是，要学会不断给自己赞赏，好吗？

请记住我说"不"的画面

杨，下课你扭捏着走过来，一定是鼓足了勇气，抱着很大的希望。你说："老师，我能跟你商量一件事吗？"我回答："当然可以。"

你接着说："我妈妈要到我爸爸那里去，我只能住在我姐姐家。我家养了一只狗，不能带到姐姐家，因为她家有一个两岁的孩子。"

我看着你，于是你继续用央求的语气说："这只狗你能替我养一段时间不？"

我简单询问了你们养狗的方式，觉得在我家不太适合，就说："对不起，老师帮不了你。"你点点头回到了你的座位。

我以为这事就翻篇了。

第二节上课时，我发现你在哭，还以为有人欺负你。同学们告诉我，你担心妈妈会把狗送人，再也见不到狗，就急哭了。

我答应完成教学任务后留十分钟时间讨论你的狗，于是你擦干泪，开始听课。

但当我开始说你的狗时，你又伤心起来。最后我还是声明：老师真的不能帮你养狗，建议你把狗送到宠物店，我倒可以出一点费用。

杨，你似乎被老师的这条建议打动了，但老师明白，决定狗去向的其实是你的妈妈。

为了写电影课程的教案，我把《狗十三》看了十多遍。每一遍，老师都做不到冷静地观看。

这部电影讲的是十三岁的女孩和爷爷奶奶住在一起，狗是她贴心的小伙伴。有一天，爷爷买菜无意中把狗弄丢了。女孩疯狂地寻找，为此不惜和家人争执对抗。爷爷寒心地说："没想到我们在她心目中还不如一只狗。"这样一个倔强的女孩，最终也妥协了，她放弃了自己的爱好，好好念书。再见到小狗时，她竟然能不纠结、不回头地走过——恰如走过那段最长、最闷、最孤独的青春期。

所以，杨，不管你如何爱你的狗，你始终无法决定它的去向。人生有许多的无奈和别离会出现在你的青春期，也会出现在人生的每一个时期。

老师感谢你对我的信任，感谢你把我当成你的朋友。老师感叹你们这一代人更尊重生命和情义，哪怕是动物，也给予爱和关怀，但老师最想让你记住的是我说"不"的画面。你的任何要求，别人都有权利说"不"。当然，如果你能在别离面前学会从容应对，那就更好了。杨，不要怀疑别人的爱和关怀。不久，妈妈会回来陪你，老师和同学也在陪你，晚安。

其实你不像我想的那样
无忧无虑

初中的孩子会突然间陷入坏情绪里。

早上,宝姐背书背得贼溜,我表扬她好几次。结果完成任务的她坐在座位上,突然就脸红眼红的。我走过去用手摸了摸她的头,问她是不是不舒服,她竟然哭了出来。

我马上抱着她的头:"谁欺负你?给老师说。"

她说:"没有人,就是突然觉得心情不好。"

我说:"这就对了,这说明你在长大,情绪多样化。负面情绪谁都会有,它其实是对外界本能的积极的反应,你要学着让它很快过去。"

她说:"没事的,老师。"

过了一会儿,我递东西给她吃,她有点儿害羞地接过去,但马上张嘴吃了下去……

今天,她尝试在心语本上对自己的情绪进行剖析,但我看出她写的时候思绪还是很乱。我关注着她,但并不着急。

我最近时常在班里观察学生,也看到过这样的场景:

枫姐姐带着一群人跳舞,突然阴着脸独自回到教室……

杨同学在同学们的笑声中灵魂游走,我喊他几遍,他竟然听不见……

余同学听我讲人与人之间的亲密和分寸,当我讲到感恩时,他竟然在台下流下泪来……

杨姐把别人送她的糖果分给好友吃,可她满脸都是尴尬和无助……

我在用心感受和小心陈述他们的情绪的时候,其实也在感慨他们真的在长大。我得教他们取悦自己了。

取悦自己,是一种能力。在学习之外,孩子们要尝试多一点儿兴趣和爱好,多给自己一点儿空间，去读书、练字、跳舞、打球……

你的爱好里藏着你对人生的态度，也藏着你人生的格局。苏轼当年被贬官，却在书画、做菜方面展现出独有的天赋。这些兴趣让他的人生不但没有陷入谷底，反而开辟出一个新天地。

一个开心的人，不仅能温暖自己，也能温暖家人、朋友。每个人都喜欢身边有这样一个开心而温暖的人。一辈子很短，所以要保持开心，去做自己想做的事，这样才能不辜负自己，不辜负一生。

一次拔河比赛

你坐在运动场的草地上，埋着头不语。

我走过去扳开你的脸细看，发现你的两只眼睛红了。我问："怎么了？"你说："老师，我们班拔河输了。"我马上把头靠在你身上："我们班也输了，我就没哭呢。"你抬起头告诉我："他们班是作弊赢的！"说完，你又埋头哭起来。

我刚想说点儿什么，哨声喇叭声相继响起来——刚刚失败的我们班还要再拔一次，争第三名。我赶紧爬起来喊同学们集合，使劲儿给用力拔河的同学们鼓劲儿。结果我们赢了，而这次对手是你和你的同学们。

运动会结束，我走进你班时，看到你们还沉浸在刚才的情绪里，就决定和你们聊一会儿。

我问："拔河输了正常啊，哭这么伤心干吗？"你们异口同声地说："他们班作弊。"你还补了一句："太无耻了。"我说："那和我们班比赛你们输了，你们心里没有觉得我们班玩了什么花样？"你赶紧说："没有，你们靠实力。"我笑了："那是因为你们对手班的班主任是我，觉得我不会坑你们。如果不是你们班主任到我们班查人数，我根本不知道拔河快开始的时候我们班多了一个人。因为找不到余鑫，我临时找高明勋替代他。后来余鑫插进队伍时，我根本没看见。幸亏你们班主任看到了，否则我们开始拔河时再发现多了一人，就是跳进黄河也洗不清了。"

你和你的同学们睁大眼睛问："还有这事？"我说："对呀，千真万确。"我接着说："我们在和你们比赛前输得特别惨，有几个手破皮的女生也想哭。我抱着她们边安慰边说体育就像打仗，拼的是实力，战术、心理素质都是在实力相当的情况下才起作用，我们尽力就行了。"你们睁大了眼睛，我接着说："为什么我们在失败的时候更愿意相信是对方耍手段呢？因为把过错划分给别人，是一件比承认自己无能更让自己舒服的事。

"谁愿意让自己不舒服呢？求生的本能会提醒我们'这不是我的错'。在这样的情况下，阴谋论就诞生了。所谓的阴谋，很多的时候是我们在不如别人时，编造出来守卫我们脆弱的自尊心的谎言。老师年轻的时候，也特别相信运气，但现在我更愿意相信努力和能力。靠天赋的事儿，我们可以不刻意追求，但靠努力的事儿，我们要尽力而为。"我补充了几句。

最后，我摸摸你和几个孩子的头，说："孩子们，运动会的体验比成绩更重要。若干年以后，你会记得输赢吗？当然不会。"

后来，你和你的同学们又恢复了好心情，我也又一次获得了当老师的快乐。我明白，每一张和我交流的面孔，都是你们心灵的平面镜。

糖果心

我布置完默写一首古诗的任务后，就在教室来来回回走着，到处瞄大家的答案。

过了一会儿，陈晓把默写的内容给我看。我一看全对了，就夸他："不错，用功了呀！"下课铃响起，陈晓就递给我一个糖果："老师你吃！"我说："谢谢，你留着自己吃。"他突然笑上眉梢："我有，你打开看看。"我看他同桌欲言又止的样子，就接过来一摸，好软的大白兔糖，心想不正常啊。于是剥开一看，糖纸里包裹着卷起来的纸。

发现上当后，我伸手要打他，他边笑边递给我一个新的："老师，这个给你。"我伸出去的手不自觉地接过糖果，打开又看到了卷起来的纸……他终于肆无忌惮地大笑起来，我不禁也笑了，还问他："为什么要这样做？"他说："逗你开心啊！我们觉得你有点儿不开心。"说这话的时候，他的同桌熊成递给我一个真正的糖果。

我三下五除二地剥开放在嘴里，还说："虽然我在减肥，但这个必须吃下去。"

学校停水了，停水给人带来的心里焦虑远胜于喉咙干渴。游乐同学桌前有个小盒子，我检查作业时，他打开它，问："老师，你认识这是什么不？"我一看，回答："桑葚。"他欢喜起来："就是鲁迅写的桑葚呢！你快吃！"我伸手拿了一吊，又放下："没水洗，我不敢吃。"他连忙说："我洗过了，直接吃。"我怯怯地说："等来水了我再吃！"他点点头说："老师，朱心跟我说你是最好的老师，我也是这么认为的。"

中午找几个学生谈话。我夸陈月的进步，还问她是怎么跨过上次没考好的坎儿的。一向沉稳的她竟然握紧拳头，轻轻跺了几下脚说："当时我就对自己说没事的，我说没事就没事！老师，您就放心吧！"

我突然意识到这些孩子原来都在用自己的方式安慰我，一定是我的言行举止让他们窥探到我烦躁不安的心，而他们都拥有一颗可以甜到别人的糖果心。

有意的安排

再次遇到小金,似乎是生活有意的安排。

那天,我们七个人从市里赶回县城,已经是晚上七点四十了。路上我们已经商量好,在三姐熟悉的一个烧烤店吃晚饭。但进店后那一股又一股的热浪,拍打走了我那本来就不旺盛的食欲。

我站起来跟他们说:"我不吃了,在外面等你们。你们随便吃,我买单。"大姐听我说这话,赶紧说:"换地方,换地方,我也怕热。"三姐边嘀咕边跟着我们走出店。我看着这一群口味五花八门的人,一时想不出这个点儿还能去哪里,暗暗叹了口气。

小儿有点儿生气:"不吃了,我直接去新华书店看书。"我马上想起新华书店重新装修了,有个楼层有米、有面、有馍,还有菜。于是,我决定:"去新华书店吧,那里相当于自助餐。可以随便找自己爱吃的,然后大家凑一桌吃。"

等我们浩浩荡荡到达地点时,已经有几家店在收拾东西准备下班了。我四处乱跑,点了几盘小菜,让饿了的人先吃,同时让不太饿的人自己去挑。一番忙碌下来,总算桌上有几样能吃的。眼看他们快吃完,我问:"想喝点儿什么?"小孩子举起手中的饮料表示不要,几个大人说喝口水就可以了。

我起身去买水,小金出现在我面前。他喊:"老师,你过来了?"我看着小金,十多年了,他的变化不大,何况他是个有特征的学生。我马上认出他,先连忙道歉:"对不起,我忙着为他们买东西,没注意你也在这里。"他说着"没事没事",伸手把我买的几样东西递给我。我这才反应过来:"你在这里开店啊?真不错。"他含笑解释:"是给朋友帮忙的。"我扫码付钱,他走出来几下就把我推走了:"老师,难得遇到你。算我请你喝口水,行不?"

我被他的真诚打动,不忍继续推搡,也被突然的欢喜狠狠撞了一下。我提着水回到座位上,挑着眉对姐姐们说:"遇到学生,不愿要钱。"三姐笑我:

"没想到当老师这么幸福。"我说:"是啊,不过我有点儿心疼他。还好我只买了几瓶水,没买贵的饮料。"小儿偏着脑袋,也插话:"妈妈,那次我们去吃牛排。有个哥哥送我好吃的冰激凌,你不愿意要。他说老板知道你是他老师,特意让他送的。"

大家都笑起来。我有种总是占学生便宜又无处回馈的愧疚感,心想以后出差继续带东西给班里的孩子吃,所谓利息在人间嘛。这个时候,小金拿了一大盘切好的西瓜,送到我们桌上,说:"这是我带来自己吃的,老师,你别客气。"我意外得不知道怎样表达感谢才好,大姐不停向我和小金竖起大拇指。大哥说:"一定要一口不剩地把西瓜都吃完,这瓜意义不一样。"

我们吃完离开时,小金竟站在电梯口不停地和我们说再见。电梯门关上后,我赶紧向身边一个穿着工作服的人询问小金在这里干得怎么样。他带着一些敬意回答:"他是这里的经理呢。"我连声说:"真好!真好!真好!"

想起当年,我怕小金由于身体原因而自卑,作为语文老师的我尽量让他表现自己,希望他也能像正常的学生一样。那三年真没少让他朗诵、演讲,只要他愿意参与。

我像在说给自己听:"他有一份实体店的工作,能养活自己,还这么阳光,简直让我欢喜得不知道说什么好,可是我还想说点儿什么……"姐说:"不用说什么。以后好好对待每个学生,不看不起任何学生就是了。"

是啊,如果把高深的教育理念和教育实践说成大白话,应该就是这样表达的吧。

小岳同学

妇女节那天,一见我进教室就跑过来给我士力架巧克力的是小岳同学。最开始我不收,他站在我身边不走,还一直说他给自己留的有,让我收下。

水桶里没水了,最先看见的是小岳同学。他往往什么也不说,就提着桶到处找净水器过滤过的水。有次学校停水了,他跑遍五个楼层,回来时大汗淋漓,竟然还不好意思面对我。

有张备用的椅子歪歪斜斜的,随时准备罢工。他发现我想坐在上面,就抢先一步搁自己屁股底下,怎么都不肯挪屁股,坚持把自己的椅子留给我,还说:"正好治我爱乱动的毛病。"

他确实爱乱动啊!如果统计我班上课离开座位次数最多的人是谁,他绝对全票当选。一个任课老师告诉我,有次她转身在黑板板书,回头发现小岳同学不见了。她走下讲台找,竟从小岳同学的桌子底下找到了他。她笑得差点儿岔气,这哪是七年级学生该有的样子?

唉,不是我没批评教育,而是批评教育无效。

有次,我接连三天从他手上没收漫画书,气得我把他叫到我的办公室。后来呢?第二天政治老师又递给我一本漫画书,也是他的。我恨恨地对他说:"你为我做了这么多。你再帮帮我如何?"

他摸着脑袋,眼中有一点点敌意。我见状说:"我们组建一个背书团队吧,你当组长。"

他高兴得乱跑,很快把几个平时爱玩的同伴都召集到身边。第一周,还不错。第二周,背书联盟的成员成了他耍宝的观众——他不断变出新玩具向他们展示。其实,他就是读不进字的那种人。

他父母特别重视他的学习,可以用"倾其所有"来形容。我说:"你让你妈省点儿心行不?"他的眼泪掉下来,我的眼泪也差点儿跟着掉下。我能体会到一个母亲的无奈痛苦，也能感受到一个孩子的自责痛苦。

后来，他的父母为了提高他的学习成绩，让他转校留级了。他走的时候，留下饭卡，说老师不回家可以刷卡吃饭；留下校服，说黄同学的校服洗褪色了，太难看了，送给他。他走的那一周，我们的班会提到他，有同学哭了，说："老师，他就是学习成绩不好，他就是学习成绩不好……"

这不是个大团圆的教育故事。我再次讲起，是因为中原名师培育对象班的班主任赵艳萍安慰我们"别急，慢慢来"，使害怕完不成任务而紧绷神经的我重新获得了信心和力量，还让我想起了小岳同学。如果老师和家长经常对像小岳这样的学生说："别急，慢慢来。"那又会怎样呢？

云姑娘

你发来邀请帖的时候，我正在写日记。早就知道你国庆节要举行婚礼，也知道你找了一个本地同学做新郎，但老师还是忍不住泪流满面。

这些年，你太不容易了！初中那么优秀的你，在高考时并没有进入你心仪的大学。但有什么能阻止你努力的步伐呢？上了大学后，你毫不懈怠，最终到中山大学读研究生，并获得奖学金。后来你留在南方，一手一脚给自己建了一个小小的生存空间。有多少个白天黑夜，你独自承受繁华闹市的孤独，把南方的湿气变作内心的一股勇气……这些，不是每个人都明白；这些，你没有说给很多人听。

自从成为师生，你每个寒暑假都会来找我。最开始，掌控话语权的是我。近几年，掌控场面的是你。

生活把善良细腻的小姑娘，打造成知冷知热的心理师，老师也总能从你那里得到疗愈……

还记得五月的一天，你发来语音说："老师，告诉你一个你一定高兴的消息。我要结婚了！我回家就去看你，你一定要记得你有一个女儿，那就是我！"因为你特别清楚地知道，那个时候的我，是多么需要这样的疗愈啊！

近几年，我忙得头昏脑涨，相信你也是。但无论什么时候，你都不会忘记对我的问候，对我的呵护，还有对我的偏袒……你终于找到了另一半，完成世俗和内心对幸福的追求。所以，我高兴得不知道说什么了。世界那么大，我们如此渺小，却神奇地在浩渺宇宙中相互惦记。未来怎样，没人知道。但我知道，我的姑娘有面对未来的勇气，更何况现在她身边还站着一个合伙人。

今天和学生说起"阳光驿站"社团，说到心理健康，说到每个人都可能有程度不同的心理疾病，说到每个人要学会求助他人和自我疗愈，我就想起我引以为傲的云姑娘。

我的治愈系姑娘，愿你继续乘风破浪，有所畏惧但仍继续向前。

学生给我指点迷津

那天早晨醒来,我的心情好极了。天终于放晴了,连绵的阴雨也结束了,重浴温暖的阳光,怎能不舒畅?完成教学任务后,我哼着小调,一路快骑回家,享受着一个人在家的自在。

太阳明晃晃地悬着,仿佛在提醒我该晒被子、洗床单、洗衣服了!如此好的阳光,若白白浪费,岂不可惜?

说干就干!我飞快地拆下被套,扯起床单,抱着被子上楼晾晒,又倒光热水壶里的水,拧开水龙头冲洗衣粉。一切准备就绪,只等洗衣机大显身手。我美滋滋地盘算:今晚就能裹着满是阳光和洗衣粉香的被子入眠了!可按下开关后,洗衣桶却纹丝不动。再试,依旧沉默。重插插头,再拧,仍无反应。猛然意识到什么,我冲向电灯开关一按——灯不亮。望着堆成小山的被套、床单和衣物,我瘫坐在沙发上。一秒钟后,又跳起来:今天不洗的话,明天万一变天了怎么办?衣物泡烂了怎么办?……接下来的一个半小时,我的手和脚在冷水与搓衣板间来回奔忙,终于将所有衣物晾在了阳光下。

下午,阳光依旧灿烂,我却趴在办公桌上蔫头耷脑。学生喊我,我也懒得回应,心想:太倒霉了!怎么偏偏这种糟心事落在我头上?怨气无处发泄,我只好扯着嗓子念:"假如生活欺骗了你,不要悲伤,不要心急……"

后来,我把这事讲给学生听,本想展示自己的乐观、豁达。不料一个学生却说:"老师,您是想告诉我们,许多坏运气是自己造成的吧。如果您洗衣服前先检查电路,或者打开电视试试有没有电,麻烦就不会发生了,对吗?"我愣住,随即连连点头。

忽然想起许多事:新买的自行车被盗时,我咒骂小偷丧尽天良,却忘了自己根本没上锁;买衣服被宰后,我痛斥店主黑心,却从没想过自己要学点儿辨货的本事;批作业时,我总怪学生作业潦草,却没想起自己在黑板上的字也是龙飞凤舞。

终日以"人生导师"自居，忙着为学生指点迷津，却不曾留心学生早已成了我的明镜。霉运如影随形，专挑疏忽之处趁虚而入。与其怨天尤人，不如把每次教训刻进骨子里。

感谢学生，为我拨开迷雾。

我们是一家人

此刻，老师坐在讲台上，看着你们一个又一个可爱而阳光的面孔，就想对你们说点儿什么。

你们从不同的地方来到这所学校，又在这个班和老师相会，这绝对是一种缘分。老师从看到你们的第一天起，就有"上辈子已相识，今生又重逢"的感觉，个个喜气、人人可亲。你们都说老师"和蔼""温柔"，却不知道是你们把老师感染成这样的。

在你们面前，我觉得自己是一位母亲，要努力把你们个个培养成人才，所以我要求你们努力上进、互帮互爱，允许你们犯错，又不让你们一错再错。这都是一个母亲的情怀呀！

你们也像懂事的儿女一样，理解我的苦心。你们每天都给自己加油，给自己鼓励，还给予别的同学帮助。最重要的是，你们都把这个班当成了自己的家，爱它，维护它，愿为它添砖增瓦。这些老师都看到了，所有的老师都看到了，七（6）班会因你们而绽放光彩。

你们正处在含苞待放的年龄，"美好""生机勃勃"这些词用在你们的身上都不会言过其实。老师曾经说过："是你们的积极上进点燃了老师的激情。"还记得一个又一个老师高兴地从班里走出来的情景吗？这都是你们辛苦播种收获的果实呀！

我总说"苍天不负有心人""一分耕耘，一分收获"。你们今天洒下的汗水会浇开明天的鲜花。时时努力，天天努力，月月努力，你们的理想之花定会盛开，你们的理想之果定会肥硕，你们的理想之树定会参天。

你们偶尔因过重的学业而烦恼，也会为过严的校规而苦闷。但老师相信聪明的你们会明白"没有规矩不成方圆"，会理解"世上没有不经历风雨而成熟的果实"。一切的重压都会变成动力，让你们不断向前。

新县二中2010届九年级（6）班毕业合影留念

还记得黑板上曾经出现过的"人生的道路虽然漫长，但紧要处常常只有几步，特别是当人年轻的时候"这句话吗？你们正当年少，走好每一步都非常重要，让我们共同把美好的未来描绘出来。懒惰了，没关系，认识到改了就好；遇到麻烦了，没事，有老师、同学和爸妈在呢！

请记住，我们是一家人，我们要一起乘风破浪。

（写给2007级6班）

我的梦想
——写给七（6）班的孩子们

同学们，我总想用文字的形式把我的梦想写给你们看，你们知道这是为什么吗？

小时候，我在家是老小，有不用干重活的特权，能够在这个村那个湾地乱窜，白天尝遍了山上的野果，夜里看尽周遭的电影。于是我记忆中的第一个梦想诞生了——当电影演员。也许是白天找不到我播种梦想种子的土壤，每个夜里我总是忙得不可开交，在花花绿绿的梦中，各种各样的角色在我脑海中不停地转换。至今我还清晰地记得在梦中我饰演过穆桂英，手握野鸡毛神气地转来转去，也饰演过窦娥，哭得昏天黑地……这个梦想在当时大胆而不切实际，可它一直深埋在我心里。因许久没有见到阳光和空气，它最后消失不见了。

我很幸运在小学二年级就遇到了一个用普通话讲课的语文老师，可她对流鼻涕而且上课不积极主动的我并没有特别青睐。我甚至感觉她有些歧视我，因为同样考了满分，另一个男同学被她夸了又夸，而我只得到了她一只手递给我卷子的动作，但这丝毫不影响我反复模仿她的声音读课文、说话。每天回家，我以背书为由，大声读课文。这种美妙的声音最终穿过墙壁，飞到了村里的每个角落。我至今还记得村里的大人们边抽旱烟、喝茶，边笑眯眯地听我读书的情景，大姑、大嫂边纳袜底边羞涩地跟着我学一两句的情景，其他孩子因不会我这种"电影腔"而挨骂的情景……就这样，我的新梦想诞生了——当一名讲普通话的教师。

这个梦想伴我走过小学来到初中，中考报考时我报了师范学校。读过高中的大哥并不同意，但过于宠爱我的父母大力支持，说奶奶坟上有棵蒿子，我家要出女秀才的。拿到师范录取通知书时，全村人除了我哥都十分高兴，我家又放电影又请客，整整忙活了三天。我沉浸在即将站在讲台上的喜悦中，外面的热闹似乎与我毫无关系。

　　三年的师范学业快结束了，成绩还行的我丝毫不为别人劝我继续进修所动，毅然决定走上工作岗位。现实比三年前大哥描述的还要惨烈：食堂的特色菜是炒老南瓜，传统菜是腌辣椒、红薯干。教室的墙壁是泥土黄，地面是天然的高低不平，没有讲台，只有一张摇晃的没有抽屉的桌子。教室后面会因季节的不同而堆放不同的农产品，如花生、稻谷、红薯等。最搞笑的是，村里第一个"吃皇粮"的我竟然也要从家里背米背油（因为拿不到工资）。

　　梦想的力量在这个阶段发挥了巨大的作用，我竟然每天乐呵呵的，还与周遭的许多农村妇女成了无话不说的朋友。

　　这种快乐的日子持续了一年。有一天，一位女同学在县教委的通告批评中看到我所在的小学教室后面竟然堆有花生，不敢相信的她不远百里来到我校。为迎接她，我特意买了几个鸡蛋和两块豆腐（周围买不到肉和其他蔬菜），还亲自下厨把它们弄成熟食。本以为她会惊异我的热情和厨艺，不想她痛心疾首地数落了我一夜。只记得她说我竟然能在这个鬼地方穿高跟鞋，竟然能有心思用洗面奶、化妆品，竟然能待一年多……第二天，她把我带到另几个同学家，也许是让我切实体会到自己的"不堪和堕落"吧！

　　平静的生活因一个人的来访而变得不安分起来。她真正打动我的话是：如果你一直待在这里，我相信也会有成就。但很多人会因为你读书后也生活在小山沟，便觉得读书无用而放弃学业。我听后下决心离开这个实现我梦想的第一个舞台。后来我真的走了，走时竟没有勇气到班和学生说再见，好像自己做了一件很不光彩的事。

　　十多年过去了，对于教书的清苦，我体会得也许比有的老师更深。但不知为什么，再疲惫的我只要站在讲台上，马上就神采飞扬、满腔豪情。我喜欢看学生的笑靥，喜欢听学生跟我说贴心话，也常被学生的那句"你是我最爱的老师"哄得开心不已……

　　你们知道我现在的梦想升级了吗？那就是若干年后，家里挂着你们从瑞士带回的钟表，经常接听你们打回的越洋电话，喝着你们从美国带回的咖啡，品尝到你们从天南海北带的蜜枣、椰子……只要老师愿意，便能到任何一个你们待的城市旅游……

"哈哈……"老师似乎听到了你们的笑声，老师梦想的实现得倚仗你们的努力。

顺便提一下：我曾把这个梦想说给我儿子听，九岁的儿子走过来亲了我一下，然后给予我另一个梦想——做一个有福气的妈妈。因为儿子说："妈妈，我一定让怕冷的你住在一个冬天不冷、夏天不热的地方。"

（写给2007级6班）

你们正在长大

——写给八（6）班的孩子们

那天，你们整整齐齐地站在国旗底下，聆听领导的谆谆教导。我就站在你们的身后，欣赏不同面孔但相同站姿的你们，感叹时光没跟我商量就把你们迅速拔高。谁知范隆新掩嘴窃笑，成海洋也笑着俯视身边的我，并说道："老师，别比了，比多了会自卑的！"一愣神后，我明白了他的弦外之音，我比你们许多人矮多了！我不禁大笑起来。

傻孩子，我比你们矮多了，让我产生的不是自卑，而是快乐啊！你们常称老师是园丁，自己是花朵。这种快乐来自园丁看到了自己辛勤培育的花朵破土、发芽、长叶、绽放，并散发迷人的香气！现在你们明白了吗？

时光真是悄无声息，一年就这么过去了。老师在你们身上找到了它留下的痕迹：稚气和霸气并存的吴继楠成了典型的双眼皮，可爱又搞笑的刘和源笑起来嘴端正了许多，勤奋又阳光的阮阳阳走路的"咚咚"声退化为"沙沙"声，文静又害羞的秦雪嗓门大了一倍，认真又努力的夏雪敢向自己说"不"，爱美的王亦君让头上花花绿绿的发卡消失了，常怀才不遇的刘海洋走路扭动的频率明显减少了，乐天派的吕典偶尔也叹息一声，冲动毛躁的田楠鹏常托腮沉思，容貌秀气的吕东明能落落大方地发言，怕写字怕得要命的余淦也能把文章写成范文……

这许许多多的变化只有神奇的时间才能创造——你们正在长大，正在以不可捉摸的速度在青春的路上奔跑，而老师是这一路上快乐的观赏者。

不久，你们中有人会长出胡须，露出喉结，嗓音变哑，也有人会更加害羞，注重打扮，还有人甚至听不进爸妈、老师的教诲，变得自以为是……不要惊异，更不必害怕，这一切都证实你们在长大，就像种子会发芽，会长成小树，会经历寒冬一样，这是一件再正常不过的事情。你们要做的就是努力汲取阳光、雨露，努力扎根立足，警惕害虫蛀咬，最后达到屹立于天地的目的。

然而，在成长的过程中，绝不会只有掌声和鲜花，学习生活中总会有不称心的时候。老师相信这也难不倒已能明辨是非、通达情理的你们，你们可以向亲人、老师、朋友求助，他们绝对乐意伸手。我坚信，永远向着阳光的孩子绝对是健康的、美好的。

老师希望你们在成长的过程中，不仅能获取知识、智慧，还能获取修养、道德和理性。这也是所有人对你们的期待。

请你们相信自己，勇往直前，老师给你们加油喝彩！

（写给2007级6班）

都是鲜活的生命

我最喜欢查阅的作业便是你们的日记,这倒不是因为老师有打探个人隐私的嗜好,而是随着日记的开合,一个又一个鲜活的生命在笑,在哭,在得意,在失意,在感动,在伤心,在彷徨,在冲刺……老师也犹如走进大型展厅流连忘返,品读你们的内心世界。

我喜欢吴继楠、陈龙的豪言壮语、广泛涉猎,喜欢彭方雷、张学浩的评时论世、因情寄景,也喜欢秦雯、夏雪的细腻表达、情浓意深。我欣赏胡晗、吕典的另辟蹊径、别开生面,欣赏刘和源、樊明强的冷静白描、角度新颖,也欣赏余亚梅、韩柳的信手拈来、自然成趣。我常常被汪涛、余淦、刘海洋的幽默逗笑,被韩培、李兰兰、张毛妮的真情打动。范隆新、余泽、余长亮的集体荣誉感和反思精神让我欣慰,熊晓丽、陈晓莉、管青青的认真坚持让我折服。我从阮阳阳、余淼、李冠华的文字里找到了不甘人后,从王亦君、韩睿、朱新华的话语间看到了力求上进。周莹莹、周德宁、龚林修总是把什么都告诉我,刘静、余明智、扶艳萍也对生活充满了感恩。李峰、朱乾、汪子超的贪玩本性总时不时跑到本子上,詹炎、田楠鹏、杨占林的草书功底也会在日记上叱咤风云。鲁姗姗、宋杨、曾慧慧真实地记录着家庭历史,王梦、钟燕愉、吴达明喜欢把舞台留给别人……

一个个鲜活的生命在老师面前蹦跳,每一个人都是不可复制的孤本。每一个人都是不可缺少的精灵——班级因你整洁,班会因你精彩,集体因你温暖……

你们一个又一个鲜活的灵魂,展示着不同的风光和精彩。也许你并没有捕捉到老师专注、欣赏的目光,那么,请你深吸一口气,然后告诉自己:"天生我材必有用"。

每一个"你"都不要说"放弃",好吗?

(写给 2007 级 6 班)

不会忘记

那天讲课说到"成长"这个话题，上课总爱旁逸斜出的老师念叨起一些七八年级的往事。有些你们已经忘记了，老师却记忆犹新，动情处还泪光闪烁。亲爱的孩子，不是老师记忆力惊人，更不是老师多愁善感，而是那些片段太有意义：

你们昂头挺胸，走过主席台，胜利地完成了第一次受检阅。

你们竭尽全力，喊破喉咙，给阮阳阳的激情演讲加油，助她成功折桂。

你们群策群力，组织捐款，尽自己所能为地震灾区输送温暖。

你们全情投入，泪洒班会，用青春热血表达对班集体的热爱。

你们专注刻苦，屏气凝神，面对一次又一次学习的挑战。

你们激情歌唱，豪情表达，宣泄着青春的活力和热情。

你们在运动会上咬牙冲刺，为班级争得荣誉。

你们围坐在教室角落，为一道数学题争论得面红耳赤……

你们明是非，懂廉耻，虚心地接受老师们在学习和生活上的指引。你们不妄自菲薄，也不狂妄自大。你们有梦想，还有集体荣誉感。这些都是人生的大智慧，是一生都取之不尽的宝藏。

离别的笙箫已准备好，我们终有挥手说再见的时候。但这许多的片段和面孔，将成为老师最美好的回忆，我不会忘记这三年，因为它是一段充满温暖的幸福时光。我有理由说，它将是老师教学生涯中的宝藏，不仅给我以后的工作指明了方向，还给我的教学生活提供了钻研的动力。

谢谢你们，亲爱的同学们！

希望在以后的时光里，你们能继续坚守理想，坚守道德，继而成为一个对家庭、社会、国家有用的人。

老师永远祝福你们！

（写给2007级6班）

那个初三

——写给正在奋战的九（6）班学子

那个初三离现在已经过去二十年了，可在老师的记忆中，它如昨天般亲切明晰。

仿佛是被人当头泼了一盆冷水，一直浑浑噩噩的我突然勤奋起来，而且豪气冲天，咬牙切齿地要与本班第一名的王新保一决高下——我的初三拉开了冲锋的帷幕。

离校大约三四里的我下决心住校，虽然要用河水洗脸、洗脚，虽然要吃腌豇豆、糊米饭，虽然下雪天被子上的雪不会比外面薄多少（宿舍是瓦房，但仍庆幸女生不像男同学那样睡在教室），但那时的我坚定地认为"梅花香自苦寒来"，于是我热火朝天地读书、写字，不让自己有些许懈怠。许多夜晚和清晨，我们同学四人围坐在一根蜡烛旁，做老师没有布置的作业，背自己认为重要的内容……

"学习就是生活，生活就是学习"，这是那时的我真实的写照。我仍记得边跑步边背"马克思主义"，仍记得下晚自习后在老师家问问题，饿极了偷吃方老师、耿老师的锅巴，仍记得大冷天搓手跺脚时还在计算这样运动一次产生多少焦耳的能量……还会突发奇想地在蜡烛上空悬挂纸风车，观察冷热空气的对流，也为证明包在木棍上的纸比包在铁棍上的纸先燃烧，把袖子烧了个大窟窿……

那个初三，我人生中第一次冻烂了手和脚；那个初三，我多次被同桌强行拉着去洗头；那个初三，我屡次尝到了刻苦学习的甜头；那个初三，我频频成为同学聚会的话题……

跟你们说这些，并不是在炫耀什么，而是想告诉你们：青春期的拼搏是多么美丽炫目啊！别人眼中的你也许苦不堪言，但你自己却乐在其中，那段时光也会成为一生中最美好的回忆。

你们正在初三，应该拥有诸多拼搏的理由。"花有重开日，人无再少年"把人生说得透亮，"此时不搏何时搏"又提醒你们"莫等闲"！否则，蹉跎岁月后的"空悲切"又有何意义呢？不如"壮怀激烈"，发发"少年狂"。这样的初三才够精彩！

你们认为呢？

（写给 2007 级 6 班）

七（6）班公约

站在车水马龙的街头，你们在旁人眼中或许只是一个模糊的黑点，但在父母眼中，你们永远是色彩丰富的画卷。

七（6）班对学校而言，只是一个班号，但对于你们，它是你们成长历程中浓墨重彩的一笔。

因此，我们共同约定一起遵守七（6）班公约：

一、记住你们是好孩子。无论何时何地，都不要质疑这一点。

二、坚信"天生我材必有用"。未来的你们，必定是家庭的依靠、社会的栋梁。

三、明白父母与老师皆是凡人。这样你们就会感激他们的付出，欣赏他们的优点，包容他们的不足，正视他们的缺点。

四、认清学习的意义。学习不仅完善你们的心智，还赋予你们洞悉世界的智慧。

五、与人比勤奋而非天赋。据说，能爬上金字塔的只有两种动物——雄鹰与蜗牛。蜗牛无论在体型还是速度上都与雄鹰天差地别，却能与它共享成功的勋章。

六、对人真诚，多交益友。"一撇一捺写个人，一生一世学做人。"少一分功利，多一分纯粹，这样的你们才能质朴而又生动。

七、不断完善自己。学习上不断进取，人格上不断完善，这是生命本来的历程。

八、凡事三思而后行。你们如果觉得宇宙间有一双神秘的眼睛正注视着你们的言行，自会少走弯路、多行坦途。

九、远离诱惑，坚守自律。已有是非观念，分得清黑白的你们知道什么是"不良诱惑"，再也没有比自律更好的管理方法了。

十、以班级为荣，以学校为傲。你们可以响亮地告诉别人："我是新县二中七（6）班的一员！"不做有损学校和班级荣誉的事，有机会一定要为学校和班级争光。

亲爱的七（6）班少年，这便是我们的约定。初中三年，老师会用心陪你们成长。如果在告别母校时，你们能坦然道出"我始终朝着阳光生长"，便是对师长、对学校、对青春最好的回报了。

请相信自己，相信同学，相信师长，你们终将光芒万丈！

（写给 2010 级 6 班）

你们给我的

好像只是眨了眨眼睛，日历就从 2010 年狂奔至 2011 年，丝毫没有伫立沉思。幸好我们的大脑有记忆仓库，它保存了师生间的小甜蜜。孩子们，请你们放下手中的笔，和我一起来开启这段回忆，好吗？

军训·扬帆

天公偏不作美，本应有的秋高气爽变成了细雨蒙蒙。军训中，你们的表现让我的心如同被雨水淋湿的地面——一塌糊涂。你们学不会看齐、报数、齐步走，像一群散放惯了的小牛犊突然被圈养起来，不知所措，毫无章法。我冲进队伍中大声呵责，甚至没给教练好脸色……

老师的"电闪雷鸣"是否唤醒了迷糊的你们？张墨缘站了出来，用行动给你们上"政治课"；薛一铭挺直腰板，示范了什么叫军姿；身体不适的邵琪咬牙归队，传递与困难斗争的勇气；最瘦小的张若平默默坚持，无声讲述着超越自我的故事……最后一天，你们终于昂首挺胸，交出了一份满意的答卷。

那时那刻，老师心中的船儿悬挂了白帆，准备载着你们远航。前方或有惊涛骇浪，或有疾风骤雨，但有你们的理想做指南针，有你们的勇气为定心丸，我们还怕什么呢？

运动会·拼搏

写下"运动会"这三个字，耳畔便回荡那荡气回肠的呐喊声。运动会临近，与你们朝夕相处两个月的我，深知你们渴望为班级争光，却对你们的运动才能毫无把握。看着队列中稀稀落落、不够精神的男生，我无奈地对班长刘书成叹道："全靠你了！"转身我又跟着女生训练，盼你们能如中国女排般撑起半边天。

女孩们未让我失望，刘双、闫慧、刘文艺都有不俗的表现，游晶晶、金汕珊、郑珊珊等竭尽全力，裴澄带领通讯组为七（6）班摇呐喊助威……男儿们更令我骄傲，王蒙忍脚伤连夺 10 分，刘书成一次次成为田径场上的焦点，林勇带领的后勤组用温暖托起每一份荣耀……望着双眼放光、满脸阳光的你们，我对自己说："相信这群有竞争意识、服务意识的孩子们吧！他们能创造奇迹！"

主题班会·承担

在动画和影视剧中长大的你们，可爱却自我，乐观却盲目，宽容却无原则。我总想褪去你们的稚气，让你们懂得"任重道远"的意义。恰逢学校德育活动，我硬塞给你们一个主题——爱黄河、爱祖国，并硬性规定"娱乐性不得超一颗星"，随后我便不再过问此事。听到此起彼伏的叹息，我既担心13岁的你们难担重任，又咬牙掐灭你们"娱乐化"的念想。

班会上，我故作平静地摆弄相机，却在结束时脱口说出"成熟"二字——这个看似与你们毫不搭界的词。深夜，儿子熟睡后，我迫不及待地翻看录像，张墨缘、岳玉山的庄重风格堪比春晚主持人，扶威、李崇玉的诙谐幽默不输喜剧明星，李明、潘欣然的动情朗诵直逼专业播音员，邵琪、李梦玲的歌声带着专业歌手的风采，欧阳四海、扶健、王海华、刘治江的诙谐表演让人忍俊不禁，李俊成、郑珊珊的忘我投入更让我一次次笑出声来，硬是把儿子吵醒。谁说你们没有责任感？谁说你们没有驾驭能力？谁说你们不能担大任？

亲爱的孩子们，你们给我的不仅仅是收获与快乐，还有梦想与希望。未来的日子，愿你们每天一小步一小步地踏实前行，我相信阳光自会铺满你们的征途！

（写给2010级6班）

生命！生命！

——写给八（6）班的少男少女

对于"生命"，你们能说出和写出的话有很多很多，它们可以连缀成一篇又一篇习作。但是，你们真的懂得"生命"吗？

你们也许不知道，在你们刚出生时，你们的爸爸妈妈就对你们这个小生命无比关注。后来，他们为你们第一次的迈步欢呼，反复教你们喊"爸爸""妈妈"。当你们终于背上书包走进学堂时，爸爸妈妈又为你们获得新知识而欣喜。在岁月的流淌中，也流淌着爸爸妈妈说不尽道不完的关爱啊！而这一切，只是因为你们是他们创造的一个"生命"！

生命就是这样美妙、神奇、不可思议！如果你们还不懂，请静下来看看含苞欲放的花朵，或是冉冉升起的旭日，或是欢快流淌的大河，以及绿得逼眼的小草——它们平凡又不平凡，普通又不普通，相同又不同，这就是生命。

我喜欢徜徉在大自然的生命气息中。与"人类"不同，它们从不放弃任何一个可以萌芽、生长、再生的机会。沙漠上的一场雨能让沉睡几十年的种子发芽，风偶尔带来的泥沙可以让裸露的幼苗扎根，破裂的水泥缝隙中也能探出点点绿色。大自然的生命仿佛在告诉人类，风调雨顺时尽情宣泄，走投无路时耐心蛰伏，机会来临时紧紧抓住。这才是生命真正的本色啊！

我希望你们明白，人人自有别，个个并不同，你们只需展现自己的生命本色。满天飞舞的蜜蜂与驰骋森林的老虎，各有各的精彩，何必为所谓的高低优劣闹心呢？

作为教师，我真心为你们每一次的进步高兴，为你们每一次的成功喝彩，为你们每一次的乐观微笑。

亲爱的同学们，请再次咀嚼、品尝、消化"生命只有一次"这句话，好吗？请记住：你们是爸爸妈妈的小甜心，是老师同学的开心果，是祖国未来的栋梁材！

（写给2010级6班）

此中有真意，欲辨已忘言

——写给八（6）班的阳光学子

两年前，你们和我少有交集，是奇妙的时间车轮将我们同时载到这里。从此，我们开始了新县二中关于六班的征程。

我希望成为你们人生的导师。所以在你们迷惘时、犯错时，我总是喋喋不休，旁征博引，时而严厉，时而温和，生怕漏掉一个小道理。有时你们也会不耐烦，也会用"是，是"来应付了事。但更多的时候，你们会侧耳倾听，诚恳领悟，并在此后的时光里对老师有所交代。

我希望成为你们学习上的良师。所以在你们平日的学习中，我对你们要求颇多：作业要保质保量，上课要专注听讲，课外要广泛阅读，成绩要次次响亮……有时你们会皱眉，会发牢骚，会不够专注，但大多数时候，你们总能交出令我满意的答卷。

我希望成为你们生活中的益友。所以在你们成功时，我为你们欢呼；在你们失意时，我为你们鼓劲；在你们落魄时，我替你们着急；在你们跨越时，我替你们喝彩……很荣幸，你们愿意与我分享快乐，也愿向我倾诉衷肠。我们早已超越师生，成为知心朋友。

你们带给我的一切，岂是这支笔能描绘的？你们的喜形于色，让老师体会播种的甜蜜；你们的愁眉不展，让老师懂得责任的沉重。有时，你们会蹦蹦跳跳，于是老师又一次被青春眷顾；有时，你们会娇嗔耍赖，于是老师再一次重温少女情怀。你们天马行空的豪迈，把老师带入激情澎湃的战场；你们低回婉转的温柔，引老师漫步于烟雨朦胧的江南。我们相视而笑，我们扬眉挤眼，我们击掌欢呼，我们肆意嬉闹……这一切的一切，岂是金钱能买到的？又岂能用天平称出分量？

正是九十多个这样的"你们"，汇聚成如家般温暖的六班。殊不知，你们眼中平凡的时光，正是生活的驿站、积淀的财富、成长的硕果，更是一份独一无二的人生答卷。

写这篇文章时，校园里春意正浓，窗外的牡丹含苞欲放，老师的周身也溢满阳光。教室里整装待发的少年们，是如此耀眼夺目。也许你们尚未察觉自己的力量，但请相信，你们的光芒终将照亮一个又一个善良的心房。

阳光少年们，请相信自己，你们的存在便是光明！愿这份信念，伴你们一路前行，步履铿锵。

（写给2010级6班）

又到初三奋进时

——写给九（6）班的扬鞭少年

那是一个阳光明媚的下午，老师问你们新学年的打算。结果，出现最多的字眼是"初三"。说到这两个字时，你们表情凝重，失去了往日的轻松，语气却十分坚定，仿佛下了破釜沉舟的决心。我知道，初三来了，并在你们心中激起了深浅不一的涟漪。

你们开始上夜自习，在路灯忽明忽暗的马路上背着书包穿梭，在人声渐散的静夜里挑灯疾书。渐渐地，脱去新奇外衣的初三，在你们眼中化作沉甸甸的责任，随之而来的还有一种成长的担当与阵痛。

太棒了！当你们感到痛时，生命中第一次破茧成蝶的契机已然降临。在短短几十年的人生里，能有几次这般珍贵的时刻？你们日积月累、蓄势待发的能量，即将在初三的"熔炉"中迸发。这是一个淬炼锋芒的机会，更是一场锻造钢铁的征程。

孩子们，你们要做的不正是背起行囊，策马出征吗？就像运动场上的刘书成，目光如炬，奋起直追！也像班会上的李俊成，锋芒毕露，场场叫板！前进时若迷茫，别怕，点亮理想的灯火，它会指引你们的方向；追逐时若疲惫，无妨，汲取亲情的暖流，它会充盈你们的力量；超越时若懈怠，莫慌，翻开历史的扉页，它会激荡你们的胸膛。

上课时，我常常伫立窗外，看你们聆听老师的讲解，听你们应和老师的提问，赏你们抑扬顿挫的朗读……也会在你们自习时，笑观你们一个又一个的脸庞：这个扬眉，那个苦脸；这个鬼机灵，那个冒傻气；这个窃喜不已，那个唏嘘不止……老师深知，你们青春洋溢的面容下，跳动的是一颗颗不甘平庸、锐意进取的心。

我庆幸陪伴你们共度初三。因为在每一个曙光初现的清晨，都能和你们奔赴书声琅琅的天堂；在每一个灯火宣泄的静夜，都能和你们遨游奋笔疾书的海洋……因为陪伴你们的初三，老师的初三生活也如老电影般反复回放——那些同窗相惜的情谊，那些漫天飞舞的志向，那些咬牙挺住的坚持……那是个拼搏的初三，因而每每回首，总有热泪与赞叹。

新县二中2013届九年级（6）班毕业合影留念

二十年后的你们，敢说"我的初三无悔"吗？时光的线很长很长，长得让我们看不到尽头；时光的梭很快很快，快得一眨眼又是一年。没有时光机能让一切重来，我们唯一能做的就是抓住现在，不虚度生命。请你们拓宽视野的疆域，沉淀修养的厚度，洗涤心灵的尘埃，在最美好的年华绽放最靓的花朵，结出最甜的果实。

追风少年，扬鞭启程吧！

（写给2010级6班）

与自我
璀璨之门

赶考路上，我是一名教师

月亮挂在东南方的天空，画出一幅潦草的水墨画。在这个月夜，我的心陷入山村小路的泥泞里——师范毕业的我被派到一个村的小学当老师。

村小的教室是泥瓦房，夏天水多，冬天雪多，桌椅参差不齐，一看就是出自不同木匠不同时期的手艺。孩子们没有瞪着渴求知识的眼睛，也没有盼着老师上课。显然，家里的田地、牛羊在他们眼里更有吸引力。

我的口袋里只有上学时剩下的十块钱。传说一个月一百四十四元的工资，一个学期快结束了还没到手。十几个老师围着一张桌子吃饭，只有两小盘菜，我们几个常年吃食堂的，偶尔凑钱买面条吃，免得肚子里的馋虫爬出来。

还好，大家都没钱、没房、没车，反而没什么可比的，讨论最多的就是吃的。有人甚至会说红薯比苹果还好吃呢，八成是已经忘了上次吃的苹果是什么味道了。南瓜从幼年到中年再到老年，都被我们不停地吃，嫌弃它又离不开它，就像我们十年寒窗终于找到的教书岗位。

一天晚上，我和从高中辍学的同学走在学校小小的操场上。农村的夜空，是月亮的领地，它霸气地站在我们头顶，威严肆意。同学讲她的学校、老师、同学，语言里都是怀念和感恩。我带着挖苦的语气说："这么好，怎么舍得离开呢？"她含着眼泪说："家里真的没有多余的粮食让我带到学校去了，仅有的五斤饭票又被我弄丢了。我连跟老师和同学告别的勇气都没有。昨天班主任到我家来，估计是让我回去上学的。他四处看看后，只好叮嘱我出去打工也不要放弃学习文化知识，社会也是大学，说完他又骑着自行车走了。我们都知道班主任刚刚从乡下调到县城，过去两年的工资到手的都是欠条。但他从不在我们面前叫苦，也不说要到南方打工赚钱，倒是天天鼓励我们好好学习，改变命运，改变家乡，为祖国建设尽可能做最大的贡献……"这个同学后来自学后拿到大学文凭，事业和家庭也都经营得很好。她知道，那夜的月亮成为一个乡村教师职业路上的一盏灯、一把火、一束光吗？

这以后的几十年，我一直被梦想牵引。这个梦想就是教出许许多多学生，不管他处境如何，都会在一个月夜聊起他的老师：我们老师从不在我们面前叫苦叫累，天天鼓励我们好好学习，改变命运，改变家乡，为祖国建设尽可能做最大的贡献。

今夜月亮又升起来了，忙了一天的我打开书，想在月光的陪伴下静静享受与自己的心灵对话的时光。眼前却不停地跳出白天一个年轻女教师扯着嗓子演讲的画面：她讲到自己在村小工作时，突然情不自已，不是因为条件艰苦，而是心痛农村孩子没有爸爸妈妈的陪伴，而自己能做的却很少……

几十年前的学校、学生，十八岁的自己、那夜的月光，一股脑儿地闯入我的指端，我打开电脑，飞快敲下：

原谅我，我是一名教师

原谅我，
我是一名教师，
我不能顾盼生辉。
我的眼里常含泪水，
因为我不小心就会和学生共情。

原谅我，
我是一名教师，
我不能婉转如百灵。
我的喉咙嘶哑、干涩，
因为我要对学生反复叮咛。

原谅我，
我是一名教师，
我不能亭亭玉立。

我常常要俯下身子，
关心比我更弱小的生命。

原谅我，
我是一名教师，
我不能云淡风轻。
我心上的那些人，
还没从心灵发出笑声。

原谅我，
我是一名教师，
我不能龙飞凤舞。
我要一笔一画，
示范怎样做一个方正的人。

原谅我，
我是一名教师，
我不能来一段说走就走的旅程。
我要用敏感的神经末梢，
感受学生的苦、辣、酸、痛。

这酸痛囚禁了我的诗，
我的远方，我的原野。
它们通通被装在窄窄的三尺讲台，
做太平洋的码头，
送一艘一艘的船出征。

合上电脑，我心里流淌一句旋律：爱你和我那么像/缺口都一样/去吗 /配吗 /这褴褛的披风/战吗/ 战啊/ 以最卑微的梦/致那黑夜中的呜咽与怒吼/谁说站在光里的才算英雄……

暮秋时节，我很幸运地遇到了他们

又出差去学习，又占用周末，又与讲台小别……但是我还是决定勇往直前。因为我知道，这又是一次知识与心灵的沉淀之旅，也是一趟欢笑之旅。

果然，我遇到了帅帅的王崧舟、朱自强，遇到了幽默风趣的王士祥、赵志祥，遇到了惊艳了岁月的彭俐、郭学萍，遇到了诗画了得的王玲湘，遇到了作文工匠吴勇、宋运来，还遇到了做事不含糊的薛瑞萍……他们如一颗又一颗星星，各自绽放，又相互呼应，点亮了教育的一片夜空。

他们似乎替我回答了长久以来徘徊在我心底的三大疑惑：

你从哪里来

王崧舟老师说，你从孔孟之道走来，吟诵着屈原的天问九歌，踏着李白、杜甫的节拍，演绎了大明清宫。你依然披着祖先的黄皮肤，吐出的是唐诗宋词。所以，文言不能丢啊，文脉不能断啊！只要我们还相信祖宗的教导和优秀的传统文化，我们这个民族就会永远屹立不倒。

你要做什么

诗人彭俐说，你要记住教师的八种身份、八种职责，你要穿越古今中外去阅读，这样你就会有爱心而不狭隘。朱自强教授说，你要用儿童的眼光看世界，使自己可爱起来，使语文可爱起来，这样学生才会喜欢。"童化作文"倡导者吴勇和老师说，你要训练学生的作文技能，你要让学生学会创意作文，这样你的学生就会成为作文工匠和作文高手。布衣老师薛瑞萍说，你要带着学生读书，带着学生成长，你要细心、耐心、静心地修炼……

你会到哪里去

王士祥老师说，你用发牢骚的时间好好做点事，就会发现自己是能做出点事来的。郭学萍老师说，你把自己的家打扮成图书馆的样子，你就是大唐走来的女子。彭俐老师说，你始终坚守浮士德精神，正如同《周易》所说的"天行健，君子以自强不息"，你就不会倒在泥泞中……

是的，教书是一场取经救赎之旅，如果没有玄奘的精神和毅力，就难以坚持和前行。感谢一位位老师，他们的话让我的跋涉更有目标和动力。

奶奶的教育

奶奶在我不到三岁的时候就离开了我们。奇怪的是，我的大脑里有关她的片段时不时会蹦出来。比如，她在我身后喊："奶哟（她娘家河南新县箭河人对小孩子的昵称），不要乱跑。"比如，在煤油灯昏暗的屋子里，她给我洗脚。又比如，她在我的对面睡着了，怎么喊她她都不理……我甚至记得她出殡那天，天下着雨，不知谁抱着我送她上山，我顿时鬼哭狼嚎起来……

大姐和二姐一起说："鬼扯，奶奶死的时候你还没走稳。"她们又说："不过你是奶奶的心头肉，估计有感应。"

我小时候很不明白奶奶和她妹怎么都嫁到我湾。更奇怪的是，我竟然叫她妹太太而不是姨奶。最奇怪的是，她妹的儿子竟然比奶奶的儿子年长好几岁。难道不是奶奶先结婚吗？可惜小时候没有一个人愿意回答我，连最疼爱我的爸爸也使劲儿盯着我，那眼神似乎要把我盯成哑巴，于是我再也不敢问了。

直到2021年，奶奶已经仙逝四十四年，姐姐才告诉我："奶奶结婚的那天，正在拜堂的新郎被抓去做了壮丁，奶奶一个人入的洞房。对于娘家来说，奶奶是嫁出去的人，不能在娘家过年。没有孩子的奶奶在婆家过了几个冷灶冷锅的年后，有一次就到妹妹家过年。这次她似乎明白被抓走的新郎再也不会回来了，就答应了她妹做的媒，嫁给了我爷爷。"

这个谜底突然把一些电影中的画面和人物呈现在我面前，而这个守了无数黑夜空房的悲剧人物，竟然是我的亲奶奶。

我出生前，妈妈已经生了三个儿子和三个女儿。次子和三子都夭折了，三个女儿倒是活蹦乱跳的。妈妈生我的时候就知道不管我是死是活，是男是女，我都会是她生的最后一个孩子。听说奶奶和爸爸看见我是个姑娘一点儿也不嫌弃，很是疼爱。

大姐说："奶奶逢人就说，我家的孙女个个都是好的。"奶奶应该不是嘴上说得好听，我记忆中从来没人敢欺负我。长大后看钱锺书拿着竹竿赶别人的猫护自家的猫，人赐"护猫将军"时，我就觉得钱锺书站在门口拿着竹竿的模样像极了护着她孙女的我奶奶。

二姐说："奶奶爱孙女是因为她唯一的女儿十一岁时死了。这个未曾谋面的姑姑叫月梅，聪明极了。"爸爸说："你姑不会说话，但心里特别有数，菜园子里几个大椒和几个茄子都记得住。谁偷去她都能知道，也能找到别人家去要回来。"

也就是说，奶奶一生只有一个儿子和一个女儿，女儿十一岁死了，爸爸就成了她唯一的孩子。

可是爸爸是全湾最能干的人，又做挂面又做豆腐。我小时候没有挨饿的记忆，1959年出生的大哥也没有。长大后我们才明白，这都是爸爸没日没夜地劳动换来的。在那样特殊的年代，他竟给了我们充足的食物。可见，奶奶在上世纪就"穷养儿子富养女"。

大姐说："这不奇怪啊，奶奶本就是有声望人家的女儿，用现在时髦的说法就是大家闺秀。你忘了我家的银筷子和玉簪子了吗？她爱是爱我们，可谁敢坏她的规矩？吃饭就不准吧唧嘴，更不能敲碗。

我想为我奶奶写点儿什么，因为湾里老人一直说："你能跳出农门吃国家粮，就是你奶奶保佑的。"荣姐曾指着奶奶的坟头说："你看，长蒿了。这就是显灵。那年有个道士亲口说的。"

荣姐说的时候，我低头仔细看着奶奶的墓碑，想看看奶奶姓什么叫什么，看半天只看见"朱吴氏"。我打电话问了一圈人，都不知道奶奶叫什么。奶奶就像那些千千万万裹小脚的女性一样，把自己的名字裹在变形的足骨里，带进了棺材，最终变成泥土。

我曾经奇怪我家的老人为什么除了奶奶，还有四爷、六爷、六奶。妈妈说："你爸过继给六爷了。"我说："不是儿多，养不起的人才过继吗？爸爸就弟兄一个，怎么也过继？而且六爷家还有三个老人和三个姑娘，奶奶也不怕你们的负担重？"

妈妈说:"你六爷就看中了你爸,在咱家门口守着哭了三天。"

妈妈又说:"六爷其实是不放心他的三个女儿没娘家人,将来会被人欺负。你们要记着,你奶说你们几个人的尿片子都是六奶洗的,将来不管几个姑娘怎样对你们,你们都要给她们撑腰。"

没有留下名字的奶奶给我们留下了一个随时都可能要践行的责任。

所以,当听别人说六奶的女儿家里有点儿事时,从来没有和她走动的我们姊妹几个,第二天就会浩浩荡荡地出征……

我的新年心愿

好快，2025年要来了。我在心里默念新闻上的一句话：万物萌动的春意终会到来，我们也会融入汩汩流动的时光里，去向所盼望的远方。

我多次撰文说自己"一直都在被梦想照亮的地方"，当老师真的就是我这个农村丫头的梦想。我梦想着像邵老师那样说普通话、学生踢毽子，和学生分享糖果，享受着学生的爱和崇拜……虽然邵老师只教我一年，但她在我心里种下了"当教师"的梦想。在整个求学生涯，我慢慢领悟到：一个老师可以影响学生的人生走向。

所以，当了这么多年老师，除了坚守"做学生的重要他人"这个职业座右铭，我还在专业技能这一块有所提高。我刻苦练习普通话，成为省级朗诵会会员；我积极示范写作文，成为省级作家协会会员；我持续学习专业技能，慢慢成长为省级名师……每每想懈怠的时候，我总想着"一个老师的身影也许就是学生追求的方向"。

新的一年，我希望能继续坚持学习，力争在北师大导师和同伴的带领下，成为名副其实的"名师"；我希望能继续坚持跑步来锻炼身体，这样就不会因半天或整天的教学工作而疲惫不堪；我希望能带领读书会的伙伴们坚持读书，并坚持每周线上或线下分享一次；我希望能坚持课后写教学反思，并用自己的教学理念检验自己的教学成果；我希望自己在新的一年里，整理好自己的教育叙事，完成一本属于自己的"田野"的收获；我希望自己能把这么多年坚持的教育理念和教学路径，用文字的方式呈现出来；我希望工作室在自己的主持下，能带领一些老师扎扎实实地走"教学研"的专业成长之路；我希望通过自己和团队的深耕，自己脚下的教育土壤能够松软一些。

在汹涌的社会潮流中，我知道自己是普通的一分子。但我要"在这浩瀚的星辰大海中找到自己、确认自己、喜欢自己"。何况，当老师找到、确认、喜欢自己，也许就能让学生也找到、确认、喜欢自己，何乐而不为？

在汩汩流动的时光里，我希望自己不要忘记最初的梦想：做邵老师那样的老师，用自己因情怀、技能、智慧所发出的光，引领学生积极追逐未来的自己。

这就是我的新年心愿。

向美而生

刚上班的时候,我的座右铭是"桃李满天下"。这主要是因为一直受"教师是辛苦的园丁"这句话影响,骨子里觉得教师是一个辛苦的职业,职责就是抬高他人,牺牲自己。

辛辛苦苦十几年,我确实被学生、家长称为好老师,自己也挺满足的。有一天晚上,我上完自习回来摔了一跤,左臂骨折,要住院做手术。我不得不暂时离开讲台,放下学生,停下所有的教学任务住进医院。

躺在病床上的我担心得最多的,还是不到两个月就要毕业的学生。夜晚,我常常接到学生下自习打来的电话。同时,我害怕住院的事影响了学生的学习成长。在医院照顾我的二姐为了缓解我的情绪让我听音乐,那时我才发现我的智能手机还有听音乐的功能。

我曾经做过音乐老师,还给学生编过舞蹈。但那种以文化课成绩论英雄的校园氛围渐渐让我失去了对音乐的兴趣和热情,我只能用一颗没有旋律的心承受"成绩就是生命线"的压力。

冰冷的手术台、白色的墙壁和床单、不断来探视的人,还有大把无作业可改的时间,终于让我下定决心:我要做一个心灵美的老师,也要做一个外表美的老师,更要做一个善于发现美、创造美的老师。

一个决定要有美好生活的老师,并不是不会遇到生活里的鸡毛,而是要有把鸡毛拾掇成鸡毛掸子的耐心和大度。这样不仅外人看起来光鲜,自己也能活出自信和底气。最重要的是,在带班的时候,我能用理性营造班级文化,让一大批学生受到感染。

记得几年前带的一个班,开始几次测试,班里每科成绩都是倒数,很多人甚至在背后议论我这个名师是虚的。我认真分析班级、年级以及任课老师的情况,认为我班这样的成绩是正常的。所以,我仍然每天带着微笑走进教室,仍

然不断夸奖学生，仍然鼓励搭档的教学方式，也仍然每天中午让学生睡一会儿……当时的年级长替我着急，身为领导的老同学也疑惑："你干的都是符合教育规律的事啊！怎么没效果？"我总是回答说："你们看，我班学生不流失、不闹事，天天乐呵呵的，还文明礼貌、充满活力，这就是学生最美的姿态啊！"

在后来的日子里，学生对内在美的向往激发了他们向生活展现美的愿望，一个个交出了满意的答卷。

教育就是修行，也是带着学生修行。我想，不管经历多少苟且，我们内心还是要向美出发，向美而生！

那夜的明月

我布置作业：古文今写《记承天寺夜游》。一百二十多名学生，没人知道是因为今晚是"十月十二日夜"。

苏大学士，那夜陪伴你的明月，跨越千山万水而来，它会不会也像我一样轻轻叹息呢？在明月的叹息中，你听我说说话，如何？因为我最近常常忘了头顶的月亮也有阴晴圆缺。

那天晚上，你本打算休息，月光却闯进来，撞开了你欢愉的情绪。

白天，你也许拔了几个萝卜，也许给芫荽加了一些土肥，也许窃喜今年的大白菜比去年包得紧俏……你似乎不厌倦这些田园粗活，因为你的偶像白居易曾在城东的山坡上劳作过。况且，土地对人的回报比仕途的回报公平公正得多，对吗？

四年了，你死里逃生的庆幸、有官无业的滑稽、自耕自种的不适，也许都变得云淡风轻了吧！可是岁岁年年都相似的月光，却让已经不年轻的你欣然起行！

不管你的身份怎样变化，不管你的住宅如何迁移，你始终都是大自然的赤子啊！

月亮探进来，把满心欢喜的你又带到室外。这时候时间已经不早了，初冬的夜晚，凉风阵阵，月光也十分清冷。可是你哪里感受到这些凉薄？你越看越觉得月亮妩媚，越品越觉得月光皎洁，甚至觉得与人对酌、聊天才能释放此夜的无眠。

你做了一个疯狂的举动，去承天寺找张怀民。

好嫉妒张怀民呀，在有月光的晚上有你想他。你一生爱你所爱，不仅拥有爱情，还拥有令人羡慕的手足情、传颂千古的师生情、可以生死相许的朋友情。同样被贬的张怀民也许没有你绝世的才华，但还有什么比心有灵犀更让你开怀呢？他也未眠，也在赏月。你俩谈笑间步入庭院，于是绝美的场景从你的文字里诞生："庭下如积水空明，水中藻、荇交横，盖竹柏影也。"

苏大学士，我试图用现代语言描摹此图，却怎么写也写不出来。我还是不要打扰你和张先生了，就让月光轻拂你们纯洁的心房吧！

世上闲人几何？不如意者几许？真正豁达如你、率性如你、安贫如你、热情如你的，又有几人呢？我只能借王阳明的遗言遥寄感慨：此心光明，亦复何言。

亲爱的自己，亲爱的世界

这是 2019 年 9 月我接一个新班时，给学生写的第一篇范文。

那个班的整体性格是"内向敏感型"，而演讲、辩论、讲故事、主题班会这些需要露脸的、张扬的、热热闹闹的活动，是不适合这班的孩子的。于是，我和他们一起写主题为"亲爱的自己，亲爱的世界"的日记，先问候自己，再问候世界，字数不限。每天早上，我先写出来范文，他们只需第二天早读时把日记交给我就行。

坚持了一个月，我和学生之间的距离拉近了不少，我现在还留着他们的文章。我写的这篇范文里，有一点点自己的语文观。最重要的是，它提醒我思考：你当初为什么出发？

亲爱的自己，你又是一名九年级的教师了。虽然你不是奔赴战场的英雄，但也有慷慨就义的冲动。因为不管你是第几次带初三，你课堂上坐着的都是第一次上初三的学子。所以，请你重视、珍惜！请你用最初攀缘的心态和学生来一次人生的冲刺。

你要爱每个孩子并且让他感受到，你要让每节课有料且充满温情，你要记得你是一名语文老师，听、读、写、练是训练技法，不是教学目标。

你要让学生爱上中国的语言文字，你要让学生爱上语文的味道，并迷恋终生。因为，文字的冷峻、灵活、睿智、坦荡、深沉等是任何学科都无法比拟的。这就是你的使命，也是你的担当。

亲爱的自己，请你记住要一如既往地阅读，还要带着学生阅读。初三学生没有大把的时间阅读，甚至家长和其他老师会让学生少读书，多做几道题。所以，你要做的，不是和他们争辩斗争，而是顺势而为。你要事先做足功课，将

阅读的"无用"和"有用"结合起来。

亲爱的世界，我不得不说我一直爱你。我应该度过了一个真正快乐的童年，因为我遇到任何昏暗、风雨，总相信光明会来的。

我的原生家庭并不富裕，但是爸爸妈妈似乎很少抱怨生活。我记得最多的是他们对别人的感谢、对别人的慷慨。所以，我坚持"不逆诈，不亿不信"的人生信条。在受到一些伤害的时候，我也曾发誓必须有"防人之心"，但最终还是决定以赤诚之心待人。

回顾过去，亲爱的世界，你给我的远远超过我的想象。

最初，我用功读书，只不过是不想曝晒在阳光下劳作，被晒成黑丫头，结果我在县城安了一个家。最初，我当语文老师时，只盼着学生在课堂上看我的眼神更专注些，结果我爱上了阅读、爱上了写作。

亲爱的世界，你知道吗？你突然给我打开了好多扇窗户，每一扇都面朝大海，春暖花开。

亲爱的世界，你让我有感知爱的神经末梢，也让我有爱他人的能力和勇气。所以，每一个清晨的出发和每一个夜幕的抵达，对于我，都是那么有仪式感。

亲爱的世界，在你面前，我率性地呈现喜怒哀乐与爱恨情仇，而你如弥勒佛一样通通笑纳，静待我的自我救赎、自我安慰、自我归位。

亲爱的自己，你是"天地一蜉蝣，沧海之一粟"。但你就是你，世界那么大，一定有你的舞台。它可以不大，但你可以起舞、可以出彩。

亲爱的世界，我会爱你一辈子，直到我无法感知你冷暖的那一刻。因为，没有你，就没有我人生的四季啊。

最后，愿亲爱的自己、亲爱的世界，和美共存。

送你一轮明月

有一天夜里，一位在山里修行的禅师，趁着皎洁的月光，在林间小路上散步，散完步后回到自己住的茅屋时，正碰上个小偷光顾茅屋，他怕惊动小偷，便一直站门口等候他……

小偷找不到值钱的东西，返身离去时遇见了禅师，他正感到惊慌的时候，禅师说："你走老远的山路来探望我，总不能让你空手而回呀！"说着便脱下了身上的外衣，说道："夜里凉，你带着这件衣服走吧。"说完，禅师就把衣服披在小偷身上，小偷不知所措，低着头溜走了。

禅师看着小偷的背影，说："可怜的人呀，但愿我能送一轮明月给你！"第二天，温暖的阳光洒照茅屋，禅师推开门，看到昨晚披在小偷身上的那件外衣被整齐地叠好放在门口。禅师非常高兴，喃喃地说道："我终于送了他一轮明月……"

这位禅师分明就是一个允许学生犯错，用柔软的心滋润学生心灵的老师呀。他送人一轮明月，也享受了月光的皎洁。

刚接触余生和黄中这两个学生的时候，我并没有觉得他俩有什么难对付的：一样黑瘦，头发稍长，黑色的衣服永远穿不完，见到老师就跑，且速度极快。当然，他们也不做作业，余生是因为真的什么都不会，黄中应该是懒散，据我观察，他的脸都很少洗。

我和他俩很随意地谈了两次话，期间还边用手梳理他们的乱发，边建议他们每天早上把自己觉得能完成的作业写下来，第二天到我面前对照完成情况。我还特别安排余生负责班级垃圾桶的卫生，黄中则负责周五黑板的卫生。余生点头如风摇树，黄中则不停抬腿调整站姿。

两个星期过去了，两个人都略有进步。我要出门学习两周，周四离开前把几个人喊过来叮嘱几句，还让他们给我写了一两句离别的话，其中包括他俩。

周五晚十点，余妈妈发来信息：余生放学没回家。我有点儿生气，问她为什么现在才说。她的回答让我豁然开朗又余忧不断——余生以前一个星期能上两天学就不错了，这是他初中以来连续上学最长的一次。好在周一临时负责班级的老师告诉我：他们在教室里。

四天后我回来上班，那天上午我走进教室，马上有学生告诉我余生和黄中在追逐时一个开门一个关门，打闹间把门把手弄断了。我找到他俩，让他们自己划分责任。结果让我意外，他们都认为自己应该承担百分之八十的责任。我让他们自己打电话给家长陈述事情的经过，不到十分钟，余妈妈和黄爸爸都来了。

家长的态度好到让我不忍心说一句责怪孩子的话。结果是黄爸爸自带工具趁孩子们午间吃饭和下午放学后，单枪匹马换好了一个质量上乘的把手。那天"秋老虎"降临，在黄爸爸忙活得大汗淋漓时，我偷偷拍了很多张照片发到家长群，也表扬了余妈妈和两个孩子勇于承担责任的行为。家长们也特别卖力地为他们点赞。

我建议班委围绕这件事开了一次班会，形式自定。在激烈的辩论中，大家一致认为他俩做错了事，折磨的却是家长，太不公平了！于是这两人红着脸、低着头，扭捏地表示会用行动答谢爸爸妈妈。那天，余妈妈得到的是"再也不打弟弟"的承诺，黄爸爸说儿子终于同意接受作业监督了。

五月份的家长会，我让余妈妈代表家长发言。她声泪俱下，让家长们尝到了家长会别样的味道：孩子的成绩不好，我们仍可以让他成为好孩子。不要因为成绩把孩子逼得无路可退。黄中的爸爸呢，他坐在第一排，看完大屏幕上儿子写给他的画有好几个爱心的信，竟然哭出声来……

再遇见他们时，我已经不是他们的班主任了。他们在熙熙攘攘的人流中，高声喊着"老师好"，并挤到我旁边。我笑着叮嘱他们一定要保持语文至少及格的成绩，还约定将来要拿个大学文凭给我看。

那天夜晚，我动情地写下这些文字：记住你是学生生命旅程中助力的人。一颗柔软的心，一段舐犊的情分，一份不放弃不抛弃的责任担当是你必备的行囊。直到现在，我仍不敢保证余生和黄中以后一直都是让家长和别人看到希望的人。就像那个禅师，他不敢保证"小偷"永远拥抱他送的"一轮明月"。但是我确信，只要老师愿意送学生"一轮明月"，那么老师也会得到"皎洁的月光"。

一直都在被梦想照亮的地方

三十多年前,我还是一名小学生。当新任语文老师开始讲课时,我惊奇地发现这位年近五十岁、头发花白的邵老师竟然发出的是"电影里的声音"。这种温柔却有力量的声音完全把我迷住了。从此,我上课专注地学习邵老师的发音和态势,课余有时间就偷偷模仿练习。半年后,我已经敢在上学、放学的山路上展示自己的"洋腔洋调"了,并把一颗小小的关于梦想的种子,深深埋入我心里的土壤。

初三报志愿的那段时间,一向乖巧听话的我竟然和希望我走向大学之门的大哥对抗,和送我全套《中学生数理化》的数学老师对抗,和身边所有的叹息声对抗,坚定地报考了当年的潢川师范,后来我以优异的成绩被潢川师范录取。

我人生的模样在初中毕业的时候就被世人一眼洞穿,但我自认为自己的人生会有着无限的旖旎风光。

三年后,刚满十八岁的我就作为正式老师站在了讲台上。我的稚嫩、傻气、笑意,在四合院一样的新县陈店乡山背村小学绽放出别样的花朵。若干年后,当地人仍然会说起那个坚持发出"好听声音"的女孩儿,是怎样把安静的校园唤醒,是怎样嚼着腌豇豆还乐滋滋地奔向课堂,又是怎样在田埂洼地和流着鼻涕的学生搭肩前行……我在这个生我、养我、允许我在三尺讲台上小试身手的家乡工作了八年,并没有觉得浪费大好的青春时光。

后来,我走进了县城学校。作为当时学校最年轻的语文老师,我非常幸运地得到了十五位当时叱咤县城语文界的名师的指导。在轻松的教研学习氛围中,我真正懂得了"大语文"的观念。我开始写随笔,写反思,写论文。在此期间,由于县教研室刘主任和金主任的赏识和推荐,我也先后承担了许多优质课的示范任务。

简单叙述完我的工作经历，你就能看到一位普通平凡的师者形象——没有大起大落的壮阔景象，没有名利花环的辉映，每天每年几乎都是一样。但是我认为每天每年又不一样，因为学生不一样，世界不一样。

一、我小小的梦想——桃李满天下

我的座右铭只有五个字："桃李满天下。"所以和任何学生的相遇，我都觉得是缘分和契机。对学生，我都尽自己所能对其栽培、灌溉、施肥、拔高。多年来，我一直像园丁一样忙碌在自己的责任田里。虽有遗憾，但更多的是收获和惊喜。许多学生成家立业后还把我当做随时随地可以聊天的朋友，许多家长多年来把我当亲戚朋友一样走动，"有教无类"的教育理念更是让我不时遇到给我打招呼的学生。去年圣诞节和小儿子逛超市时，"圣诞老人"在发红包时，给我和小儿子几个红包。正当我莫名其妙的时候，那个"圣诞老人"在我耳旁偷偷喊了声"老师"。我仔细辨认，原来他是当年班里成绩最差的学生装扮的，现在他是超市的员工，成了家而且有个一岁的宝宝。

我和学生一起运动，一起做实验，一起欢笑。我常常对学生说，你们的成绩可以有高低好坏，但你们的道德水准和做人标准不能放低。认真做人，就能做一个幸福的人。

二、我大大的坚持——每日读书

"三日不读书，便觉面目可憎"，这是我常常用来激励自己的读书名言。每天放下教本，放下孩子，放下家务，最幸福的时刻就是拿起一本杂志或一本书来读。我读书不讲实用，在某种程度上，确实影响了我专业的成长，但也让我领略了一些大家大作的风采，同时亲近了一些新秀新作。我不经常吹牛，但常在学生面前吹牛说我不管出现在什么地方，人家总能判断出我是个教书的。

我跟学生之间的代沟，经常因为我知道最近流行的锐词和新思潮而被填平。课堂上我对文本的解读因为"不拘一格""与时俱进"备受学生和同行叹服赞誉，随手拈来的文字也常常被阅读传诵。

近年来，人们对文化重视了起来，许多人重新拿起书本。我的"好读书"成了优点和光源，我顺理成章成了学校诗社的班主任，担任文学阅读会的导师，负责编撰优秀作文集，还策划和主持了几场大型的读书活动。我也在教学之余获得了河南省作家协会会员、信阳市杂文协会理事、信阳市网络学会副会长等称号。所有这些我深知都是"好读书"的馈赠，直到现在，购买书籍仍是我一笔不小的开销。

三、长久的行走——学习的人最美

在教学教研上，我把自己定格在"行者"这个角色上。所以，我不放弃在学校与老师交流学习的机会，不懈怠线上线下的各种培训学习活动，主动积极寻找与语文大咖亲近交流的机会。我当了多年的国培老师，年年在酷热的时候参加各类语文学科、骨干教师、班主任等培训学习。仅2022年—2023年这一学年，就参加培训学习二十多次。其实我晕车，还"择床而居"，但我从不叫苦，不推脱，反而每次全心投入地学习，结束后还认真总结反思。每次学习培训完，我总觉得获得了满满的正能量和一些知识。

多年的学习培训与多年的反思成长，使我有了一些自己的教研成果，还获得了与余映潮、黄厚江、朱震国、徐杰、雪野、向浩等大咖同台的机会。我始终认为，我幸运地行走在语文的庄园，在行走的过程中叹服、沉思。在与一流的教育专家交流合作中，我找到了人生的目标、航线和动力。我经常对自己说："在教学面前，你永远是个孩子。千万不要满足，不要懈怠，要不停地行走，这样才能遇到更美的风景。"

说实话，我三十多年的教书生涯并没有获得多少荣誉。有人为我叹息时，我总是笑着说："荣誉很重要，但最重要的是自己还乐意好好教书，这才是生活给我最好的礼物。"是的，这么多年我除了休产假，一直站在讲台上教我的语文课，却没有"划不来""教够了"的感觉。被评上中原名师培育对象后，我仍到处找机会上课。

前不久在一次公开课后的评课环节，一位年轻的中原名师感慨："朱老师四十多岁了，站在讲台上的状态，还像一个十八岁的小姑娘，真让人震撼。"我想，这也许这就是梦想的力量和魔力吧。不忘初心，才能始终保持最初的美好，坚守属于自己的幸福。

后记：

此刻，窗外正飘着细雨。三十多年的教书时光，就像这细雨一样，悄无声息地浸润了书中的每一页。我的第一篇教学叙事文章《学生给我指点迷津》变成铅字是在24年前。这么多年，我从未停止写作我的教育故事，因为我"一直都在被梦想照亮的地方"。

忘不了二年级时听到邵老师那"电影里的声音"，忘不了刚入职山背村小时吃到的老南瓜腌豇豆，忘不了教室里两个大男孩给我的糖果，忘不了敏感的女孩偷偷塞给我的纸条，忘不了拍电影时来帮忙的家长排成长队……这些微光，汇聚成照亮我职业的灯火。

取名《在希望的田野上》，是因为我始终相信：教育就是播种，教师就站在希望的田野上。只要用心浇灌，再贫瘠的土地也能绽放希望。这本书，算是我的一本"耕种笔记"。感谢你愿意读它，若这些文字能让你想起某位改变你一生的老师，或让你看见教育最本真的模样，便是我最大的欣慰。